女人香

吳靜雅——著

目錄
CONTENTS

Chapter 1

世界上沒有醜女人只有懶女人——女人的形象必殺技

Chapter 2

你的禮儀價值何止百萬——女人的禮儀必殺技

Chapter 3

你是一瓶啤酒還是一支紅酒——女人的魅力必殺技

Chapter 4

說他們想聽的，聽他們想說的——女人的口才必殺技

Chapter 5

受歡迎的是寶釵而不是黛玉——女人的處世必殺技

Chapter 6

做辦公室中才貌兼具的「雙核」女人——女人的職場必殺技

Chapter 7

我的愛情我做主——女人的愛情必殺技

Chapter 8

心情的好壞其實就是一種選擇——女人的情場必殺技

Chapter 9

有「財力」才能活得更美麗——女人的財商必殺技

Chapter 10

做一株鬱金香而非攀附的牽牛花——女人的獨立必殺技

Chapter 11

「鳳姐」不漂亮卻很自信——女人的自信必殺技

Chapter 12

不怕沒優點就怕沒特點——女人的個性必殺技

Chapter 13

以「花瓶」為榮的觀念已經「OUT」了——女人的才學必殺技

Chapter 14

女人長得漂亮不如活得漂亮——女人的心態必殺技

Chapter 15

打造自己的黃金人脈圈——女人的人脈必殺技

Chapter 16

不做女強人但一定要做強女人——女人的成功必殺技

Chapter 1

世界上沒有醜女人
只有懶女人

女人的形象必殺技

- 世界上沒有醜女人只有懶女人
- 天生麗質也不要素面朝天
- 男人可以邋遢，但你絕對不可以
- 什麼時候都要化個簡單的妝
- 為自己設計一個適合的髮型
- 其實配飾真的會說話
- 不可不知的令性感加分的三種顏色
- 露一點風情，透一點嫵媚

一、世界上沒有醜女人只有懶女人

在電視上我們經常會見到一些外表靚麗，氣質優雅出眾的明星。螢幕上那些看似光鮮靚麗的美貌的背後，可都是明星們一朝一夕，通過台下以勤「補拙」才得來的。美麗不是天生就有的，需要我們後天去「精工雕琢」，就連古時被稱四大美人之一的「楊玉環」也懂得用鮮花沐浴，以遮掩自己與生俱來的「狐臭」。

其實天生就傾國傾城、閉月羞花的女人並不多，只不過有的女人會打扮，有的不會或者懶得打扮，於是差距就產生了。

不要再以「我本來就很醜，再怎麼打扮也沒用」、「太忙，沒時間」這些藉口來敷衍自己了。其實只要打扮起來，你也會是一個大美女，只是不要讓你的懶惰將你的美貌淹沒。試著去學一些保養皮膚的知識、定期去美容院、學學化妝，這些不會浪費你很多的時間。

有的女人不斷的抱怨自己身上的「呼啦圈」，捏著臉上嘟起來的嬰兒肥。追根到底，還是得從自己身上找原因。你吃得太多，身體不需要那麼多能量，而你又不經常運動，脂肪不能轉化為熱量，就把它變成脂肪積存起來了。

減肥是一個系統工程，需要我們天長日久的堅持，所以有人說，減肥是女孩一輩子的事業。如果你能掌握合理的減肥方法，對你的減肥就一定會有幫助，你不妨試一試：

(1)**制定減肥目標**。在減肥前先用本子記錄自己的體重、三圍、大腿、小腿、胳膊等地方的尺寸。

(2)**勤加運動**。運動是減肥不可缺少的部分，所以，如果單純的靠減少吃的量，減的速度也是很慢的。

(3)**小心食物卡路里**。把每天攝入的能量總數控制在一個標準上，不要超出。控制熱量與脂肪，要始終小心食物的熱量，在膳食中應減少些肥肉，增加魚肉和家禽。想吃零食的時候，儘量選擇低熱量的。

(4)**態度是關鍵**。在適度節食過程中，不要「試一試」而要「堅持」。在美味佳餚面前要節制食欲，適可而止。不要讓自己幾天的減肥成果，在一頓美味面前功虧一簣。

(5)**多喝水**。每天要喝七八杯白開水，水可以加快身體的新陳代謝，且無熱量，還可以幫助清理腸胃。

(6)**多吃蔬果**。要適量吃些含纖維多的水果、蔬菜和全麥麵包，高纖維的東西可以補充體內維生素，還能促進生長發育。

(7)**飲食儘量清淡**。要少吃含油、鹽、糖的食物，這些東西吃得越多，就越想吃。少吃那些經加工帶有醬汁的食物，這些東西含有豐富的糖、鹽和麵粉，熱量很高。

(8)**多運動**。多參加一些游泳、健走、瑜珈、慢跑、舞蹈等，或者多去健身房，可以根據個人愛好，選擇一項運動並堅持。

當你持續一段時間過後，不妨拿出以前的舊照片仔細瞧瞧自己，你會驚喜地發現你的美麗早已在無形之中發生了變化。在你身材恢復的過程中，如果再搭配點好看的首飾，一個亮閃閃的美女便立即會展現在我們面前。

美麗是需要細心呵護的，所以，從現在起，無論你多大年紀，無論你先天的資本如何，細心呵護你的每一寸肌膚，美麗最終是會屬於你的。

二、天生麗質也不要素面朝天

現在很多廣告中都會出現「素顏美女」一說，以至很多女性都誤認為化妝是一種「人工雕刻」美，在生活中顯得不夠自然，所以更願意素面朝天。其實化妝本來就是幫助我們修補掩飾缺點，凸顯優點的。當把自己最美的一面展現給別人的時候，既是對別人的尊重，也給自己樹立了一個良好的形象。

哪怕你有再好的底子，不化妝，仍然感覺缺少一種魅力。

天生麗質固然好，但如果再錦上添花一點，不就更完美了嗎？這就如同再美味的食物也要講究個拼盤的擺設，而粗茶淡飯如果擺放得精妙也一樣能登大雅之堂。精緻本身就是一種美豔，引人流連、讓人品味。許多辦公室的OL們，經常要對著電腦辦公，要知道電腦的輻射是相當強的，而你又要在辦公室對著螢幕一整天，如果你堅持素顏，那麼時間一長，你的臉上肯定會有輻射斑點出現。

女人們應該重視化妝，因為它不光可以保護你的皮膚，還可以提亮你的整個膚色。例如使用油性的化妝水，可以防止水分的蒸發及紫外線的直接照射，如果你必須時常與陽光接觸，就再塗抹些防曬的乳液，這樣才可以防止皮膚變黑及出現雀斑。類似這種保養，可說是不勝枚舉，平常我們也應該多關注一下。

其實每個女人都有成為「畫家」的潛質，你的臉就是一張潔白的畫布，這幅畫的水準如何，完全取決於你手中的「畫筆」。化妝是女人面向生活的一種積極態度，有誰會喜歡灰頭土臉，滿臉滄桑的女人呢？

在亞洲，韓國和日本對女性的妝容儀表尤為注重，一般女人不化妝是不能出門見人的。所以走在韓國街頭，可以看見許多靚麗多彩的女孩子出現，甚至就連街頭的大嬸都畫著精緻的妝容。據說韓國女人是世界上最勤勞的女人，每天晚上比丈夫睡得晚，早晨起得比丈夫早，目的就是不讓丈夫看見自己卸了妝的臉。

想要提高自己化妝水準的女性朋友們，平時可以經常關注雜誌、網站上有關這方面的資訊，裏面都有告訴我們如何修補我們的妝容。慢慢找到感覺，熟能生巧，多畫幾次，自然就能摸索出一些技巧了。

另外，在選擇化妝品的時候，一定要選擇適合自己皮膚和年齡的，營養太大的乳液會加重皮膚負擔，而且為年齡大一些的人設計的產品都很油，買的時候一定要注意。女人們只有用一張精緻的面容對待生活，才能為自己增添出更加靚麗的女人色彩。

三、男人可以邋遢，但你絕對不可以

走在大街上，看到一個男人灰頭土臉，邋裏邋遢，人們或許會說：這男人肯定單身，沒有女人管。但是當看到一個女人邋裏邋遢，人們卻會說：這女人的男人還真能忍受下去。

女人不管長相如何，一定不能邋遢。不管衣著是否時尚，妝容是否精美，最起碼要乾乾淨淨，清清爽爽，要有女人的韻味。女人不一定非要取悅男人，但就算為了自己，也不能不修邊幅，邋裏邋遢。這樣的女人，即使有個好老公，也守不住自己的幸福。事業再成功，也不能算好女人。因為她不懂得珍惜自己，愛護自己。

雖然女人是否愛洗衣服或者打扮自己，跟個人的性格有關，但是如果個人習慣一團糟的話，即便遇到一個好男人，有個好婚姻，到頭來也很可能會因為無法自我管理和約束，而毀掉一個好好的天賜良緣。

現在的年輕女孩大都很厭惡那些繁文縟節，有的時候嫌麻煩，順手隨便抓一件衣服套上就上街，也不清楚自己是否蓬頭垢面。要知道，作為一個舉止高雅的女孩在任何時候都會極其注重自己的妝容，注意自己的整潔，這樣走出去，才能贏得他人的青睞。

數年前相愛的兩個人，牽手漫步雨中。在夏日驕陽的午後，女孩坐在男孩車後快樂的哼唱著屬於他們的歌曲。女孩最愛做的事，就是打扮自己，總是變著花樣在親愛的男孩面前展現出自己最完美的一面……

婚後，彼此太熟悉了，上班都忙於工作，下班女孩成為家庭主婦，漸漸失去了年輕的容顏，風華正貌的朝氣，而且經常為生活中的一些細小事物而煩躁，很少再去注重自己的一言一行，而且也不再刻意去打扮自己，尤其在有了孩子之後，更是捨不得在自己身上花一分錢，常常是一件衣服穿舊了，穿破了，還要改成睡衣繼續穿，而且每次男人回家後看到的都是滿手油煙，頭髮凌亂的她。

男人漸漸對這個家有了倦怠感，覺得女人沒有以前那樣精細了，而且真正變成了一個「家庭主婦」，而且這個「主婦」做得還不是特別好，家裏面不管怎樣，依舊是亂七八糟，滿地油煙。於是男人忍受不了，提出了分居。恍然間女人清醒了，自己如此付出換來的並不是被理解，被呵護，被愛被溫暖，自己都開始不愛惜自己，如何能讓他再繼續愛。

當一個女人為男人變得邋遢時，千萬不要以為男人就會死心塌地了。對於任何一個男人來講，一個女人要具備勤儉美德外，也不能忘記自己還是一個「女人」。如果你對自己的美麗都不在乎了，那你怎麼能夠指望一個男人對你愛得如癡如醉呢？當你開始邋遢的時候，你已經慢慢失去了作為一個「女人」應有的態度了。

都說女人是水做的，那麼水做的女人天生就該清爽可人，你可以沒有華麗的衣服，你可以沒有豔麗的胭脂水粉，但你不能沒有乾淨清爽的外表。不要做一個邋遢的女人，恢復一個女人應有的儀態，學會高傲的面對生活，學會乾淨俐落的人生。

四、什麼時候都要化個簡單的妝

在亞洲，很少看到日本女人上街披頭散髮、不化妝。她們追趕時尚，讓日本成了「亞洲的巴黎」，在美容化妝上也懂自我創新，使日本化妝品獲得肯定，成為一個名副其實的「化妝大國」。要知道不管任何時候，「化妝」都是一種待人處世的禮儀。

一個簡單的妝，只需要在皮膚清潔保養後，用基礎色調整下膚色，再稍稍刻畫一下五官的立體感就可以。這樣看起來，既乾淨又整潔，還能掩蓋平常的倦容和缺陷。

我們不是大明星，不需要刻意去花費幾小時的時間。一個淡而自然的妝，不僅在別人看來不至拘謹，而且還清新自然，這種妝容是女人每天展示自己的「門面」。不用以為化妝是個費錢又費力的工作，其實掌握好技巧，每天上班前畫一個清新簡單的妝容，對別人是一種尊重，對自己而言，也能提高信心。

不化妝的女人是無法體會作為一個女人的樂趣的，現在社會上流行所謂的「裸妝」，也不是什麼都不做，其實「裸妝」就是一種自然清透的妝容。看來，就算是在日常生活中，女人也應該注意自己的「門面」，出門在外，一個好的形象絕對能給你的形象提分。

一個完美的女人是「妝」出來的，一個簡易的妝容不但可以改變你的外觀年齡，還能起到煥發青春的作用。女人只有學會如何打扮自己，才能為自己帶來好運。

五、為自己設計一個適合的髮型

一個女人漂亮不漂亮，很多時候是第一眼感覺的，除開氣質最重要的一點就是髮型了，可以說影響到整個人的氣質形象。很多時候我們在大街上看見一個女人，身材很好，但就是怎麼看都有些彆扭，其實很多時候就是髮型的原因了。下面，我們就來看看適合自己髮型的三大原則：

(1)瞭解自己的臉型特徵

每個人的五官相貌不同，氣質風格不同，她所對應的髮型自然也會不同。人的臉部輪廓由於線條的不同會形成不同的幾何印象，有偏弧形的，有直線型的，其實直線條的人梳理長順的髮型更好看，如果是曲線的髮絲，臉就會顯得更直，像男的。曲線條的人可以梳大波浪或柔和的捲髮，這樣看上去更加的女性化。

(2)明確自己所扮演的角色

每個人在社會上都有著自己特定的幾個角色，教師、律師、醫生，等等，要在適合的髮型中選款最易打理的才實用。你的髮型是規矩，端莊的、還是自然隨意的；是柔和嫵媚的、還是標新立異的，這些全部取決於你要扮演的角色。當然，如果我們自己會做簡單的髮型，那麼我們可以在不同的場合做出不同的髮型，但是通常情況下，這一點不是每個人都能做得到，特別是上班族，因為得花費一些時間。

(3)與你的髮型師好好溝通

儘量選擇一個固定的髮型師為你做髮型。因為你可以逐漸地、不斷地和他溝通，以保證他能完全地瞭解你的願望和熟悉你的髮質。可能每個髮型師都有自己的一套整髮理念，但是卻並非是你想要的，因此要多向你的髮型師學習如何打理你的常用髮型，讓他向你推薦好用的髮型打理工具，向他瞭解護髮的一些最新產品，以及性能和使用技巧。向他學習如何保養你的髮質的方法，然後你就可以天天維持一個優美的形象。

其實不管在國內還是國外，美髮是很普遍的行業。好的美容院會裝置可照見全身的大鏡子，美髮師會把你拉到鏡前為你分析臉型、身高對髮式及長短的影響。

去美髮前，記得讓自己的服飾和妝容都最體現你的個性氣質，這可以勝過任何語言的描述。要知道，髮型師看到的更多是一個靜態的你，好的髮型師會跟你聊聊你的職業和興趣，但最直觀的仍只是你的臉形。所以，用一點心展示你的內在氣質，也許能在一瞬間喚起髮型師的創作靈感。設計出來的髮型會讓你的整個形象煥然不同。

既然髮型對於女人來說這麼關鍵，那我們一定要好好的保養我們的頭髮，找出自己的髮型，找回自信，用溫柔嫵媚來詮釋渾然而發的女人味。

六、其實配飾真的會說話

許多人都說：「飾物是製造奇蹟的精靈。」但是對於女人來講，它絕不只是簡單的點綴，看一個女人所戴的飾物，可以洞悉一個女人的內心世界，而且還能體現出那個女人所屬的靈性，同時，飾物更能烘托女人的美感。

古代「珠寶」歷來都被用來顯示王公貴族們威嚴尊貴的氣勢，後宮佳麗們也都知道如何用亮麗的朱釵來提亮自己的妝容。到了今日，裝飾物更是多不勝數，許多女人藉由首飾、手袋、絲巾、提包的搭配和彩妝的渲染，讓自己看上去更加美麗大方。

心理學家發現，不同性格的人對不同飾品會有一種特別的偏愛，在首飾款式的選擇方面也能表現出來，女性身上的點綴飾品真的「會說話」。

例如，通常會選擇小巧、呈幾何圖案的明快型首飾的女性，都是比較活潑好動的；而溫順柔和的女性，則愛曲線美或流線型的首飾；喜歡圓形款式的女性比較傳統，家庭觀念強，有一定的依賴性，但比較知足，性格恬靜；鍾情於橢圓形款式的女性，具有較強的獨立性和創造性，偏愛心形的女性性情細緻、體貼入微，而且浪漫活潑，富於女人味；偏愛長方形或方形款式的女性，生活嚴肅認真，做事井井有條，坦誠、堅強。

現實生活中許多女性都喜歡珠寶，但是，真正掌握佩戴首飾要領的並不多。而只有掌握科學的佩戴方法，才能使自己打扮得更加適度，更加出眾，更加漂亮。

女性佩戴首飾的方法特別要強調以下幾點：

(1)要注意臉型

(2)注意掌握頸、胸飾的佩戴

(3)多參閱書報雜誌的流行資訊

據統計，法國女人平均每人擁有百餘套華麗別致的仿真首飾；日本女人平均每人至少有二三十條絲巾並掌握幾十種絲巾繫法；美國女人則深愛胸針，她們會隨著服裝的變化而變換胸針。

耳環、絲巾、項鏈、提包等，這些都是點綴女人的點睛之筆。這些飾物與服裝的完美組合，使女人猶如一道精緻的風景。但佩戴首飾還必須注意適度。一件漂亮的衣服，配以恰如其分的裝飾品，會使衣服錦上添花，更加富有魅力。如果首飾佩戴得不合適，卻又會喧賓奪主，破壞服飾的整體美。

現實生活中，由於女人們所處的生活環境範圍各異，所以對於首飾的佩戴也應有所不同。要適應各人特點和個性，充分發揮自身的長處，掩飾其短處，才能達到最佳審美效果。

七、不可不知的令性感加分的三種顏色

舞臺上那些五光十色的模特們，是不是每次出場都能讓我們眼花繚亂，卻又印象深

刻呢？對了，這就是模特身上那些服裝色彩的魔力。

看著專櫃裏琳琅滿目的豐盈色彩，究竟穿什麼顏色才最適合自己呢？事實上，適合每個人的色彩都有百種以上，要想知道自己穿什麼顏色好看，就要懂得辨別色彩。

選對了色彩，我們的臉龐瞬間就會被無形的美麗光環圍繞，女性性感的美便會由內而發，很自然地被呈現出來。服裝顏色搭配，是日常服裝搭配中非常重要的環節，合理的服裝顏色搭配，將為你的整體形象增加不少的印象分。當你知道了如何為自己提亮膚色，讓自己的形象加分，如何面對變化莫測的流行趨勢，你就能始終保持清醒，從被時尚牽著鼻子走的人變成潮流的時尚達人。

素來在時尚界中，色彩不管怎麼變化，都是在一層「淺然的規律」之上搖擺昇華的，這層「淺規律」就是令性感加分的三種顏色：

(1)白的出塵

中國有句古話：「要想俏，一身孝。」這個「孝」字就是指的一身素白之裝。古往今來，白色一直都被賦予著純潔、乾淨的象徵，尤其到了近現代，可以看見各大時尚雜誌上勇奪噱頭的，永遠是一件簡單樸素的白色連衣裙，可以沒有款式沒有花樣，但是正因為白的單調，才能從那些奪目的色彩中脫穎而出，猶如一位清雅的佳人，散發出自內在的淡淡幽香。

(2)紅的剔透

可以說幾乎沒有男人可以抵禦一個紅衣女郎的熱情魅力，這是永恆的事實。即便是白衣勝雪，也渴望她能有紅衣勝火之時。張愛玲的小說《紅玫瑰與白玫瑰》中，就講述了兩種不同的女性，紅的熱情似火，能勾引人心，白的優雅淡然，絕世而立。

紅的種類紛繁，但不論哪一個種類，對於人的感官刺激都極為強烈，紅色不光是中國的代表色彩，更是一種強悍的視覺色彩。不過，不是每個人都適合紅，膚色暗黃偏黑的女孩子最好還是避免偏暖紅色，因為這會讓你更加「黑黃」。

(3)鵝黃柳綠

這兩種顏色的搭調，其實只是一種基礎色，但是卻能夠為你增添一絲「俏嫩性感」。現實生活中，很多女人喜歡黑色，覺得這是最性感的顏色，其實大錯特錯，黑色只會讓人深感壓抑。若整日面對一個一身黑衣的女人，心情也會變得壓抑起來吧。男人眼中的性感色，是有如白淨甘醇，紅似朝霞，春日盎然中的那一抹鵝黃柳綠的。

要想為自己的性感加分，不妨試著用這三種顏色，不僅僅讓你看起來女人味十足，還能提升自己的美感度，做一個嬌俏的小魔女，做男人眼中又一個「瑪麗蓮．夢露」。

八、露一點風情，透一點嫵媚

白居易曾經這樣描述「美人」楊玉環：「回眸一笑百媚生，六宮粉黛無顏色」，寥寥數筆，就把楊玉環之美勾在了紙上。唐朝時期的服裝設計大膽裸露很多，在那僅僅是回眸一笑之中所透露的風情，就讓六宮美女失了顏色，再加上大膽的唐裝飄揚而出的慵懶嫵媚，怎麼能不讓唐明皇淪陷呢。

女人的「露」不光是風情，還是一種意蘊，那抹意蘊能使得男人怦然心動。當然，露也必須把握一個分寸，露多了難免會弄巧成拙，誘惑過度，反而會給自己帶來危險。很多人都認為裸露就等於性感，這是非常錯誤的想法，嫵媚不一定要裸露，只有露得適宜，露出氣質，才能給人性感的感覺。

還要注意的一點是一定要揚長避短，如果你的腿短而粗，那就不要穿超短裙或者短褲。如果你背部的皮膚不好，那就不要穿露背的衣服。沒有健美的胸部，最好還是不要穿低胸衣服的好，尤其是胸部平坦的女性，最忌穿領口太低的衣服，這樣讓你看起來和「太平公主」沒什麼兩樣。

在烈日當頭的炎炎夏日，穿得露一點，不僅涼快，還能給自己添加嫵媚，究竟「怎麼露」才能體現出女人的品味與修養？下面，具體教你幾手「露」招：

如果對胸部有足夠信心，胸貼是不錯的選擇，可通過選擇不同款式的露胸裝，把你飽滿的胸部襯托得更加的有弧度。背形比較好的，可以嘗試不同的款式，例如現在比較流行的羅馬式裝扮，可以把你背部的流暢線條充分表現出來。骨感身材的，可以選擇後背有繩子的繫帶款式，因為繩帶多一點可以轉移人的視線，而掩飾過分的清瘦；肩胛骨突出的，則可選擇後背開口為一字形和圓弧形的。身材較豐腴的女性最好選擇無肩帶款，以避免那些肩帶把你後背上的贅肉暴露無遺。

如果為了避免暴露腰部堆積的脂肪，那麼後背的開口至少要高於腰線十五釐米。另外，簡潔的V字形裁剪能拉伸你的高度，還能讓你顯得更修長。

當然露也是需要講究年齡、體型的。中老年女士以及太胖太瘦的女士，就不要盲目跟風了。這一露，露出的也許是風情是美麗，但是也可能是尷尬，露美不成反露拙，實在是得不償失。

如今隨著潮流的引進，女人再也不願意把自己美好的身材裹得密不透風，甚至鄙視那種猶抱琵琶半遮面的小打小鬧，流行風是越刮越猛，夏日的大街成了女人展示時裝的大舞臺，超短迷你裙，緊身熱褲，極細低胸吊帶馬甲，無領無袖的緊身背心……越來越大的暴露尺度讓男人的眼睛在炎熱的夏日裏吃飽了「霜淇淋」。更重要的是女人泰然自若的神態，她們盡情的張揚著自己的青春和美麗，吸引的不僅是男人的眼球，也讓自己更加自信。

Chapter 2

你的禮儀價值何止百萬

女人的禮儀必殺技

* 女人的禮儀何止百萬，而是價值連城
* 什麼時候都要注意自己的言行舉止
* 情調西餐要吃出女人的品味
* 切忌當衆化妝，有距離才能產生美
* 在落落大方中拒絕邀舞
* 職場女性的辦公室禮儀
* 站出一片風景，走出一段優雅
* 蹲起之時勿「洩密」

一、女人的禮儀何止百萬，而是價值連城

中國具有五千年文明史，素來就有「禮儀之邦」之稱。而作為一個舉止端莊、溫文爾雅，穿戴乾淨、整潔漂亮的女人，無論何時，一舉一動都會給人留下深刻的印象。「禮儀」本就是女人自身的一大「財富」。

一個外表美麗的女人，或許可以讓很多男人頓足，但這樣的女人如同一道風景，稍縱即逝。而一個優雅的女人，她的內在和外在都透著一種風韻，她們溫柔、善良、有修養，男人見了就想擁有。

禮儀因尊敬他人而存在。女人在社交場合，若對自身的一些小毛病不加以注意，就會讓自己的形象大打折扣。一個相貌平平的女人，如果她表現出來的是儀態萬方、氣質高雅，自然也能吸引別人；而一個舉止不雅的女人，即使她貌美如花，也無法在社交場

合受到別人的歡迎。

禮儀是一種待人處世的「肢體語言」，不僅能顯出一個人的素質，還能顯出高貴。在人們的印象中，一個有禮貌、有教養的女人總是有著優雅大方的舉止，這對女人的人脈積累和幸福人生都會有所幫助。而且從一個女人的舉止細節中，也能夠透露出這個女人的風情。

如果你想成為一個風姿卓越、儀態萬千的女人，你一定要改變一些下意識的不良動作，經常有意識地訓練自己，那麼無論在任何時候還是任何場合，你都可以讓自己姿態美妙無比。下面分三個方面介紹禮儀的修煉：

(1)儀表美

1.一個人的服裝必須與本人的體型、年齡、職業、膚色相協調。如果一名中年女士穿上一條短褲，想讓自己裝年輕，卻只會適得其反。

2.服飾款式搭配一定要注意協調。如果上身穿一件高檔外套，而下身配一條牛仔褲，再搭一雙白球鞋，就不倫不類。

3.**質料、層次搭配要協調。**如果上身穿一件上萬元的外套，下身配一條普通褲子，看上去就會給人一種錯覺，覺得你穿的都是冒牌貨。

4.**色彩搭配要協調。**同色系搭配比較協調。

5.**飾物搭配要協調。**背包、鞋襪、首飾和圍巾要與服裝和所處的環境相協調。

(2)儀態美

1.**表情。**中國歷史上的美女無不以笑容來展示美麗，給世人留下了永恆的美女形象。因此，經常保持微笑，是展示魅力的最有效的方式。但要注意，不要放聲大笑，那樣反而顯得粗俗而不文雅。最美的笑容是眉開眼笑，用心微笑。微笑時露出潔白的上牙，不露牙齦，蓋住下牙，嘴角微翹。

2.**動作。**首先，女孩子最好能有一個挺拔的站姿。正確的站立方法是雙腿直立併攏，收腹挺胸，兩肩打開，胸部挺起，這樣看起來非常有精神。其次，要具備優美的坐姿。坐時，雙腿併攏，切忌兩膝蓋分開，上身挺直，表情自然，面帶微笑。最後，是穩健的走姿。行走時，忌內八字和外八字，忌彎腰、駝背、晃肩。

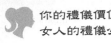

(3)氣質美

氣質美是自內而外散發出來的一種氣韻，如果你想擁有高貴典雅的氣質，那就要注重學習，並強化禮貌修養，使你的言談舉止大方而彬彬有禮。

隨著時代的發展，人們的知識和品味也在不斷提高，粗俗淺薄的行為必然難以為人所接受。作為女性，你想建立好自己的人脈網，絕對不能對那些影響自身形象的壞毛病視而不見。一定要注意自己的禮儀形象，避免在社交場合給人留下不好的印象。

二、什麼時候都要注意自己的言行舉止

放眼望去，滿街的美女們個個花枝招展，外表上看起來優雅大方。可是放到現實生活中，言行舉止可就是「千奇百態」了。在別人眼中，這些美女們表面上看似儀表堂堂，但在生活中，或許一舉手、一投足間，可能就暴露出了粗俗。

歌德說：「行為舉止是一面鏡子，人人在其中顯示自己的形象。」要做一個精緻的女人，首先其言行舉止要落落大方，這也是最基本的禮節養成習慣。一個女人要給對方留下美好而深刻的印象，外在美固然重要，而高雅的談吐、優雅的舉止等內在涵養的表現，則更為人們所喜愛。

一個女人可以長得不夠漂亮，但是只要具有端莊優雅和彬彬有禮的舉動，她們就會高出僅僅具備天生麗質的女人一籌，因為這種含蓄的美更能清雅可人。而一個女人不管再怎麼明豔動人，如果是一副「怒婦當街罵」的形象出現在我們面前，只會讓人覺得她太沒文化，虛偽、裝純情，讓人避之不及。

舉止是一種不說話的「語言」，它真實地反映了一個人的素質、受教育的水準及能夠被人信任的程度。可見，女人的舉止尤為重要。古代對人體的姿態和舉止就有「站如松、坐如鐘、行如風」的美的要求。如今，大到社交場合，小到居家坐立，時時刻刻都在反映一個女人的舉止得不得體。

首先說話要注重禮貌。其次說話要注意對象。再次，說話還要掌握「分寸」。此外，與人交往要謙遜。最後努力提高禮儀修養。

真正的好女人，要做到內外兼修，外表整潔，內心善良，美麗溫柔，大方得體。要做到嬌而不躁，媚而不妖。一個女人的性格和修養與她的言行舉止有著很大的關係，性格溫存的女人絕不會嘰嘰喳喳、罵罵咧咧，有修養的女人也絕不會倦容滿面衣著邋遢地逢迎客人。

為什麼有很多女人結婚後得不到老公的喜歡？那是因為許多女人在結婚後就不注意自己的這些言談舉止了，頭髮蓬鬆穿著睡衣可以上街買菜；衣衫不整口水四濺地和人聊天；或者毫無顧忌高聲與陌生人談笑；買東西為討價還價爭得面紅耳赤；再或者是面目可憎地看不起自己的婆婆……

男人最不喜歡的就是沒修養沒素質的女人，因為男人是最愛面子的，他不喜歡自己的女人給自己毀了面子。在日常的行為舉止中只有注意自己的言談舉止，才能提升女人在他人眼中的好感度。另外培養自己優美高雅的行為舉止，更是一個現代淑女的必修課。

三、情調西餐要吃出女人的品味

當盛滿紅酒的高腳杯在燭光中輕柔相碰，當溫柔細膩的音樂在身邊靜靜流淌，白色流蘇的桌布上，精緻的銀色餐具加上明亮的水晶玻璃燈在你面前展開，一種曖昧的情調便烘托了出來，這就是西餐的魅力。

都說女人是精緻的，偶爾來點西餐，不僅可以增點情調，調適一下心情，還能夠將女人全身的韻味散發出來。

吃在生活中是一種常態，吃出一份情調，吃出一種美感，既是新人類的追求，也能夠體現一個人品味和格調。生活是要品的，一個懂得品味生活的女人才是美麗的女人。

女人天生就是「浪漫」的代言詞，而更多的男人也喜歡懂得品味浪漫的女人。所以，聰明的女人懂得享受浪漫、珍惜浪漫，更善於創造浪漫，把男人籠罩在自己輕羅幔紗的浪漫之中。

有很多女人說喜歡去西餐廳找情調，是因為西餐的環境和用餐過程會讓人忘了繁忙，感受到浪漫，讓人想起愛情的甜美。在國外，高級的西餐廳更加講究情調，特別是歐式西餐廳。環境、餐具、吃法……煩瑣程度絕不遜於中國的「滿漢全席」。

可以想像一下：閃光的水晶燈、銀色耀眼的燭臺、甘醇的美酒，再加上人們優雅迷人的舉止，簡簡單單就形成了一幅動人的油畫。據一項報導所述：女人在品嘗西餐時，舉止會顯現得比平常更加嫻雅。

那麼，讓我們來熟悉一下這些進餐禮儀，也是非常值得的：

就座時，身體要端正，不可蹺足，手肘優雅地擱放在桌邊，將餐巾對折輕輕放在膝上。與餐桌的距離最好便於自己使用餐具為佳。

使用刀叉進餐時，通常是左手拿叉，右手持刀，從外往內依次取用刀叉。進餐完放下刀叉時，應擺成「八」字型，刀刃應朝向自己，表示還要繼續吃。要記住，任何時候，都不可將刀叉的一端放在盤上，另一端放在桌上。

咀嚼食物不宜過多，口中含有食物時不要說話，這是一種禮貌行為。

遇到湯類食品，可先用勺子舀少許到自己的小碗中。喝湯時不要啜，吃東西時要閉嘴咀嚼。

當女人愛上西餐的時候，她們必然敏感嬌柔，舉手抬足間有了一份從容，精神上也有了一份舒緩領域。當這種心情從她的明眸中一覽無餘地展現時，對於男人來說，就成了一種致命的誘惑。

其實西餐在女人的眼中除了情調，除了環境舒適外，還能把女性的優雅與品味格調體現出來。那些燈光幽微、極具「藝術」的裝修，優雅豪華但只有幾桌客人在竊竊私語的餐廳，會讓她們覺得心情也隨之安靜流暢，女人的柔美與高雅此刻便展露無疑。

女人要學會品味西餐，才能品味出生活的情趣。製造情調的方式千千萬，但是唯一需要有一顆溫柔的心，例如，當夜晚降臨的時候，你關上灼目的日光燈，點起幾支燭光，優雅地坐在擺著高腳杯和蛋糕的餐桌旁，等著你的他歸來……

四、切忌當眾化妝，有距離才能產生美

香港的「狗仔隊」可以說是相當「有名」的，原因在於他們無時無刻不在關注著明星們的醜聞趣事，特別是針對明星的著裝儀容，以專門揭露明星們醜態為職業。如果哪天某某明星稍微一個不注意，就會被拍到台下的「廬山真面目」，好幾次暴露出的女藝人不雅的素顏當眾補妝，不僅讓明星形象瞬間大打折扣，還讓觀眾失去崇拜模仿的好奇心。

世界上或許沒有哪個女子在儀表上面是十全十美的，任何人或多或少有缺陷，但是在公共場合修飾或化妝，一定要有一個分寸。女人須知，適度則美，人們也能接受。超出一定的限度，你在人們心中的形象就會大打折扣。

在中國有這樣的一種傳統思維，叫做「避人」。就像古代的女子為什麼不在丈夫面

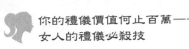

前更衣一樣，一個女人在公眾場合要懂得將你的「隱私」隱藏起來。

常常可以見到一些女士，不管置身於何處，只要稍有閒暇，便會掏出化妝盒來，一邊「顧影自憐」，一邊「發現問題，就地解決」，旁若無人地「大動干戈」，替自己補一點粉，塗一點唇膏，描幾筆眉形。她們重視自我形象這一點固然正確，但若當眾表演化妝術，尤其是在工作崗位上當眾這樣做，則是很不莊重的，並且還會使人覺得她們對待工作用心不專，只把自己當成了一種「擺設」或是「花瓶」。

化妝能表現出女性獨有的天然麗質，能夠為女性增添魅力。但是如果不注意修飾避人，會顯得缺乏教養，而且顯得沒有素質，在某種情況下還如同當眾獻醜。當你需要修補面容時，應該避開他人的視線，在無人處進行。否則，不僅有礙觀瞻，還可能使人感到厭惡。

在一個男人的眼中，女人需要朦朧，因為那些朦朧感在男人看來神秘無比，而且，通常男性都會去擴大自己心目中女人的形象，想像成一個適合自己並且很漂亮的美人。

如果你揭開這層面紗，出現在他面前，他只是會覺得失去了那種朦朧中的美妙「距離」感。化妝也有異曲同工之效，如果你頻頻在男人面前讓他看到你素顏與妝後的樣子，當他再看到判若兩人的你後，只會想到你的化妝過程，而忽略掉你此刻的美豔。

化妝一定要遵守禮儀規範，否則就會弄巧成拙。除了掌握一般的化妝技巧外，還要注意適合不同活動的性質和身分。

有人可能會說：「我不覺得當眾化妝有什麼不對，其實有一些男人很愛看女人化妝呀。」這種說法，其實是很不夠自重自愛的。如果真正需要化妝時，可以到洗手間去整理一下。要做一個讓男人心動的女人，就給自己和他人一點「神秘空間」，讓他看到的永遠是一個魅力無邊的你。

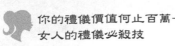

五、在落落大方中拒絕邀舞

跳舞是一門藝術，但更重要的，還是一種在社交場合中進行交際活動的社交方式，禮儀中最講究的就是時尚往來和人與人之間的溝通。如若你被邀請參加一個舞會，除了邀請者應該表現的彬彬有禮，受邀者也應當落落大方，彼此都應該表現出良好的修養和高雅的素質，這樣才能讓雙方在一場愉快、融洽的氣氛中將舞會進行下去。舞會的所有參與者，都應當時時處處遵守舞會的禮儀規範。

對於出席舞會的女孩子而言，當有在場男士邀請你共舞時，不僅僅是一種榮幸，更是出於對你的尊重，是對方的一番好意。一般來說，你最好不要拒絕。但如果實在是身不由己，或者是有不方便的地方，你可以禮貌的拒絕某些男士的邀請。

一個正式的舞會上，男性最好西裝革履，女性最好穿著裙子，並注意適當的裝扮和修飾儀容，女性要注意：切忌濃妝豔抹，妝容一定要大方典雅。另外，當你在舞會上決定拒絕別人的邀請時，一定要注意場合，不能儀態盡失，要注意文明禮貌。

以下是在交際舞會中，通常我們要注意到的地方：

首先，如果在男方邀請你的時候，女方已經答應和別人跳這場舞，應當向男方表示歉意，說：「對不起，這支舞我有預約了，剛有人已經邀我跳了，等下一次吧。」

一般來說，女方最好盡可能不要謝絕人家的邀請。如果你已經決定謝絕，應當說：「對不起，我現在有點累，想要休息一下」，或者說：「很想和你跳，但是我的腳疼得厲害，實在抱歉。」「剛剛接了一個電話，不好意思，我現在要回電。」以此來求得對方的諒解。

其次，當你已經謝絕別人的邀舞後，在這首曲子還未完時，被邀者切不可在謝絕了一個人的邀請後馬上又應另一個的邀請，這是非常不禮貌的。特別是女性不應再同別的男子共舞。否則，會被認為是對前一位邀請者的蔑視，這是很不禮貌的表現。

如果同時有兩位男性去邀請一位女性共舞，通常女方最好都禮貌地謝絕，這樣方能顯得大方。如果已同意其中一個的邀請，對另一個則應表示歉意，禮貌地說：「對不起，只能請等到下一次了。」

最後，當女方拒絕一位男性的邀請後，如果這位男性再次前來邀請，在無特殊情況的條件下，女方應答應與之共舞。

有的女性常自帶舞伴，兩個人多跳幾場當然也無不可，但態度應開朗大方，不要小氣，因為在場的男士眾多，而且這又是在舞會交際場所，理應多交朋友。如果別人前來邀請，不能全部拒絕，更不能說類似「我不認識你，不跟你跳」這樣的話，因為這樣做是十分不禮貌的。

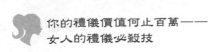

拒絕邀舞，一定要做到儀態端莊、落落大方，決不可躲躲閃閃、甚至滿臉羞澀，這樣會讓對方覺得非常尷尬。另外，在注意儀表的同時，一定要注意自己的大家規範，能夠委婉地表達拒絕的目的即可，且不可傷人，弄得對方下不了臺。

六、職場女性的辦公室禮儀

職場是企業文化的一種象徵，對於一名職業女性來講，在職場當中，尤其應該注意個人的儀表和形象，因為我們每個人都代表著公司的一種形象。

一般來說，職場女性的服裝應當合乎身分，莊重、樸素、大方。因為辦公室是一個嚴肅的辦公場合，這個時候不是要去表達你的美麗和漂亮，更重要的是表達你的端莊、工作能力，就是說讓他人信賴你的感覺。

如果你在公共場合穿那種嫵媚的、吊帶、或者是透明的衣服，弄一個大波浪，那你的職業感會大打折扣。人們不僅會懷疑你的工作能力，甚至否定你對工作的基本態度，這個是非常不適合的。所以說職場女性在辦公室也是有一定講究的：

(1)服飾要素雅、莊重、整潔

1.忌色彩繁雜。女性在工作場合所選擇的服飾，其色彩宜少不宜多，其圖案宜簡不宜繁。切勿令其色彩鮮豔搶眼，令其圖案繁雜不堪。應以其款式的素雅莊重為基本特徵。若其款式過於前衛、招搖，則與自身的身分不符。其中穩重有權威的顏色包括：海軍藍、灰色、炭黑、淡藍、黑色、栗色、鏽色、棕色、駝色，要避免淺黃、粉紅、淺格綠或橘紅色。

2.忌粗衣抹布。服飾雖不必選擇名牌貨、高檔貨，但是還是要對做工予以重視。若其做工欠佳，則必定會有損於你在公司中的整體形象。最好應選用純羊毛、純棉或質感佳的布料，忌用劣質低檔的質料。

3.忌過分炫耀。女性天生是愛珠寶的，但是在工作之中應當以少為妙，過多數量的金銀首飾只會惹起張揚招搖之嫌。可以佩戴形狀較小的，或者結婚的女性佩戴婚戒，這

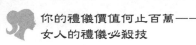

都是可以的。

4.忌過分裸露。在工作中，不應過分暴露自己的軀體，過分裸露只會讓別人想入非非，有失莊嚴。最好能做到不露胸、不露肩、不露背、不露腰、不露腿等「五不露」。

5.忌過分緊身。選擇過分緊身的服裝，意在顯示著裝者的身材，而女性如若不是在典禮和慶典場合，在辦公室這樣穿著，顯然是不合適的。

(2)辦公語言文明、禮貌

1.問候語。它的代表性用語是「您好」。不論是接待來賓、路遇他人，還是接聽電話，均應主動問候他人，否則便會顯得目中無人。

2.請托語。它的代表性用語是「請」。要求他人幫助、託付他人代勞，缺少了它，便會顯得僵硬，使人難於接受。

3.感謝語。它的代表性用語是「謝謝」。這是日常生活中我們也經常遇到的，是對對方的一種答謝禮貌。

4.道歉語。它的代表性用語是「抱歉」或「對不起」。在工作中，由於某種原因而帶給他人不便，或妨礙、打擾對方，以及未能充分滿足對方的需求時，一般均應向對方表示自己由衷的歉意，以求得到對方的諒解。

5.道別語。它的代表性用語是「再見」。與他人告別時，主動運用此語，既是一種交際慣例，同時也是對對方尊重與惜別之意的一種常規性表示。

一位職業女性的談吐修養與學識，是代表著你所在公司的企業形象的。一個不尊重企業形象的人，是沒有資格為企業服務的。因此，如果想要成為一個成功的職業女性，想得到主管的另眼相看，就要時時刻刻注意自己的言行舉止，要知道在一個公司裏面，主管最忌諱的就是有人給他以及他的公司丟面子。

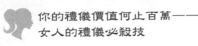

因此，女人們千萬不要把生活中的一些惡性習俗帶到辦公室中，不要忘了你所在的環境，你是和其他員工同在一個環境，你的穿著和一言一行同時也影響著你在同事和主管心中的形象。所以，你不能隨心所欲地僅僅按照你自己喜好來搭配，你應該考慮一下，怎樣才能合理地利用服裝來展示自己的工作實力和魅力，怎麼樣才能得到上司的欣賞。

在工作中，你是否已經注意到自己的穿著了呢？也許正是某一點微不足道的細節，讓我們就疏忽了，最後給他人留下不好的印象，還阻礙了你的職業生涯旅程。記住，在職場禮儀中，一個女人如果沒有禮貌和修養，是不會贏得他人的尊重的。

七、站出一片風景，走出一段優雅

在古代中國，宮廷禮儀上對站姿和走姿有很多嚴格的規定，大到後宮佳麗，小到宮女太監，都必須經過嚴格的禮儀考核。站立和行走是人們生活中的常態，若是一個長相漂亮的女人站沒站相，走路東倒西歪，會讓形象在別人面前大打折扣不說，而且會讓別人大跌眼鏡，一個女性的美感就此醜化。

現在的年輕女孩大都不大注意這些細節，那是不是這些禮節真的就可以不要了呢？有教養的女孩不會丟掉所有的禮節，舉止高雅的女孩在任何時候都能贏得他人的青睞。

奧黛麗・赫本曾經是淑女的典範，在她身上呈現的高貴、優雅、禮儀都是一些消逝已久的特質，有人曾說，連上帝都願意輕吻她的臉頰，她就是這樣一個討人喜歡的人。

她是二十世紀最受人們崇拜和仿效的女性之一，在平常的生活中，她的舉手投足之間都有一種優雅的成分，直到今天，仍有不少人在模仿。在她親民的過程中，她走路始終都是沉穩地，步態優美，站著和觀眾FANS打招呼時也是微微仰頭，氣質出眾。

一個女人站立與走姿美與不美，會直接關係到自己的形象。就像巴黎盧浮宮中的那些雕像和壁畫，即使不用任何語言，也能給人一種靜態中說不出的美感。

女人要學會優雅，就必須去重視自己的言行，一個優雅的站姿和走姿不僅能體現女人的柔美，還能顯現得風度翩翩，把女人的曲線體現的更加性感。別人說「站如一棵松，行如一陣風」，不正確的走姿和站姿會讓你的腿看起來粗壯，而且還可能變成蘿蔔腿。

在生活中，有些女人卻不注重自己的形象：站在陌生人面前，頻頻去擺弄髮梢或是不自覺地絞著衣角。跟對方說話，還雙手抱胸，俯視別人。有的時候走路還橫衝直撞，就像一個翻滾的輪胎，突然慢下來，就會向一邊倒去，給人很不夠穩重的感覺。

下面告訴大家如何在動靜之中學做一個高雅的女人：

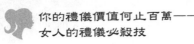

正確的站姿應該是：上半身挺胸收腹、精神飽滿，雙肩平齊，雙臂自然下垂，雙手放在身體兩側，頭正，兩眼平視，下頜微收，臉上面帶笑容；下半身雙腿應靠近，雙腳呈「V」字型，身體重心落在兩腳中間。如若和人交談，你可以採取比較輕鬆的姿勢。腳可以交叉，雙手自由擺放，但要注意的是，頭部必須直視對方，身體不可倚靠周邊的物品，那樣看上去非常懶散。要知道優美的站姿，會給人以挺拔向上、舒展俊美、莊重大方、親切有禮、精力充沛的印象。

正確的走姿應該是：在優美站姿的基礎上邁開腳，步態輕鬆，目視前方，身體挺直，雙肩自然下垂，腳尖應向著正前方，腳跟先落地。行走的步伐要大小適中、自然穩健，節奏明快。如果是和同伴一起行走的時候，切記不可慌張奔跑。如若是穿著高跟鞋，一定要注意上半身挺直，吸氣收小腹，將大腿輕輕地抬起帶動小腿往前跨出步伐，兩腳跨出時，最好不要成一條直線。另外，在走路的過程中不要低頭看路走，也不要仰頭目中無人，不要兩手叉腰躬著腰，要儘量站直。

法國女人是世界上公認的浪漫優雅的女人，她們美麗、自信、浪漫、優雅。也許她們未必長得多美，卻個個散發著如法國香頌般的恬淡與大氣，性感動人。

女人的美千姿百態，古有沉魚落雁、閉月羞花這樣的稱讚之詞，而今天，更是有許多對女人美的形容詞都帶著更多的讚賞和由衷的愛護。女人的氣質是從生活的動靜之中體現出來的態度。女人在舉手投足間散發出的無限溫情，可以讓女人更加的美麗。

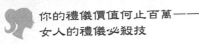

八、蹲起之時勿「洩密」

每到炎炎夏日，女人們便想方設法的開始「涼快」，而裙子便成了大眾的選擇。但是如果穿著裙子彎腰撿東西，站起時稍不留神就會「走光」。這個時候，女人的蹲姿就顯得尤為重要了。

日常生活中，人們對掉在地上的東西，一般是習慣彎腰或蹲下將其撿起，而如果一個穿著超短裙裝的女孩也像普通人一樣，採用一般隨意彎腰蹲下撿起的姿勢是不合適的。有些女孩喜歡穿迷你裙，只要一彎腰，上衣就會拉升往上提，背後一大片的肌膚就會被裸露出來，而站起的時候，身體前傾，裙下「風光」便暴露無遺了，這樣的春光乍泄，在公眾場合，不僅不美觀，還非常不禮貌，而在國外，這種姿勢也有個不好聽的名稱：「洗手間姿勢」。

蹲姿三要點：迅速、美觀、大方。若用右手撿東西，可以先走到東西的左邊，右腳向後退半步後再蹲下來。脊背保持挺直，臀部一定要蹲下來，避免彎腰翹臀的姿勢。女士則要兩腿併緊，穿旗袍或短裙時需更加留意，以免尷尬。

蹲姿禁忌：彎腰撿拾物品時，兩腿叉開，臀部向後撅起，是不雅觀的姿態，兩腿展開平衡下蹲，其姿態也不優雅。下蹲時還要注意內衣「不可以露，不可以透」。

一個女人掌握了正確的蹲姿，如果再懂點蹲姿禮儀，那麼就會更加的迷人了，而且還能給人留下一個深刻的印象。

如果撿東西時，我們可以假想人較多的那個方向是觀眾方，所以要用自己的側面而不是正面或是背面對著人多的一邊。雙腿和膝蓋應該併在一起。左手輕擋前胸，避免走光，右手稍捋裙擺。靜靜地蹲下去，上身保持直立，撿起後雙手奉還物主。

蹲下來時，脊背保持挺直，臀部一定要蹲下來，避免彎腰翹臀的姿勢。特別是穿裙子時，如不注意背後的上衣自然上提，露出臀部皮肉和內衣很不雅觀。既使穿著長褲，兩腿展開平衡下蹲，撅起臀部的姿態也不美觀。

很多女人在逛街或遊玩的時候，累了如果沒有找到座位，立刻就蹲下來休息，這種舉止非常不雅觀，而且還是在公眾場合，顯得也沒素質。在如今很多的歐美國家，很多人都認為「蹲」這個動作是不雅觀的，所以只有在非常必要的時候才蹲下來做某件事情。

日常生活中，蹲下撿東西或者繫鞋帶時一定要注意自己的姿態，儘量迅速、美觀、大方，應保持大方、端莊的蹲姿。具體的基本要領如下：

當站在所取物品的旁邊，屈膝蹲下去拿時，不要低頭，也不要弓背，要慢慢地把腰部低下，兩腿合力支撐身體，掌握好身體的重心，臀部向下。一腳在前，一腳在後，兩腿向下蹲，前腳全著地，小腿基本垂直於地面後腿跟提起，腳掌著地，臀部向下。

若用右手撿東西，可以先走到東西的左邊，右腳向後退半步後再蹲下來。脊背保持挺直，臀部一定要蹲下來。特別是穿裙子時，如不注意背後的上衣自然上提，露出臀部和內衣肩帶會很不雅觀。

總之，在公共場合，若無必要，不應該長時間蹲著，畢竟不管你穿沒穿超短裙，這都是一個不優雅的動作。而且對於職業女性來說，這樣會讓自己的儀態大打折扣。所以任何時候，我們都要注意自己的儀表形象，在女性們穿著裙子下蹲時，一定要注意自己的姿態。

Chapter 3

你是一瓶啤酒
還是一支紅酒

女人的魅力必殺技

* 你希望自己是一瓶啤酒還是一支紅酒
* 一定要擦亮你的氣質商標
* 歲月如酒，老去的只是時間，沉澱的卻都是韻味
* 千萬別讓生活的忙碌消磨了美麗容顏
* 一輩子都要像十七歲女孩那樣乾淨爽潔
* 品味真的是可以培養出來的
* 女人一定要有女人味

一、你希望自己是一瓶啤酒還是一支紅酒

女人，就如同一杯香甜甘醇的酒，品下去，頓時讓人覺得回味悠長。當然酒有千百種，色澤不同，口感不一。女人更是千姿百媚，風情萬種。那麼，你是願意獨做一杯甘醇貴氣的紅酒，還是願意做一杯只為解渴、人人都能下肚的啤酒呢？

懂得品味生活的女人，就如同是生活的調酒師，她們懂得如何主宰自己，將自己調出美味，讓他人品出細膩之中的甘甜。那些懂得品味生活的女人，身上才會散發出誘人的「酒香」，因為她們有一雙善於發現的眼睛，和一顆感恩的心。即便再忙碌乏味的日子裏，她們依然能夠發出醉人的微笑。

法國演員蘇菲．瑪索是一個讓人著迷的女人，她天生繼承了法國人浪漫的氣質，大大的眼神中流動著一種天然的神韻。蘇菲．瑪索十四歲時接拍了平生第一部電影《初

吻》，這部描述少女懷春情懷的電影於一九八〇年在法國上映，吸引了上百萬觀眾，在其他國家上映時，也是盛況空前，蘇菲・瑪索的少女魅力也因而風靡了全世界。當時，這部片子紅極一時，包攬了坎城、柏林、西雅圖各項大獎，蘇菲・瑪索也因此片成了歐洲影壇著名的小明星。她飾演的小女生一角，那迷人的個性，浪漫多情的氣質都深深打動了無數觀眾。

沒有個性的女孩，即使傾國傾城，也很容易被人遺忘。而天性浪漫的女孩充滿個性又嫵媚多情，更容易吸引他人的注意力。一個有品味的女人，不管是從穿著打扮上還是在平凡生活中，都像一個華美的藝術品，讓人想要品嘗一番。

女人的品味，是時間打不敗的美麗。每個女人都渴望成為一個有品味的女人，因為真正的品味，會使你終日蒙塵的生活閃閃發亮。執著於做一個有品味的女人，追尋著品味生活的女人，絕對是一個優雅別致的女人。

男人離不開酒，如同男人離不開女人。紅酒類型的女人，醇厚可口，抿一小口含在嘴上，滋味是那樣的清香，雖不濃烈，但卻後勁綿長。這種女人看似普通，卻有博大的胸襟和度量。她極具內涵，又有品味，不會讓你感到厭倦和憂傷；啤酒類型的女人清淡爽口，但是卻只是解渴之時，平常之選，燃眉之急後，就再也沒有華麗的亮點。

有品味的女人是善良的，機智的。她們待人真誠而不虛偽，心性熱情而且不浮躁。在喧囂的人群中，她可能是一個沉默者，但是她絕對不是一個麻木者。紅酒女人魅力十足，讓男人永遠不會有厭倦的感覺，因為男人會無限的沉醉在其中。

「啤酒」遠離了「紅酒」的魅力，更多的貼近生活，樸實淡然，失去了光澤，沒有了嬌媚。作為一個女人你可以不漂亮，但不能不「甘醇」。無論是談戀愛，還是在社交中，適時展現你嫵媚的一面，你會更受歡迎。

酒雖然都是用水果和糧食釀造，但因工藝不同而千差萬別；女人同樣因環境、個人素質的不同而各有千秋。但不管是屬於哪種女人，只要把最美麗的一面展現出來，才能無限風光。

女人的品味，是一個氣質內涵的外在表現，做一杯紅酒般甘醇的女人，可以於無形中散發出沁人的芳香。當你成為一個戀人時，便多情嫵媚；當你成為妻子時，便溫柔細膩；當你成為母親時，便寬宏博大，就像遮風擋雨的大樹；當你的容顏漸漸老時，煥發的風情就變得更加醇厚而濃郁了。

二、一定要擦亮你的氣質商標

如果一個男人稱讚美女人漂亮，她也許會一宿睡不好；如果你說她有氣質，那她就會一宿不睡；但你如果說她不但漂亮而且有氣質，那她乾脆就不睡覺了。可見，「氣質」二字對女人的重要和難得。

有氣質的女人如同一幅寫意畫，耐人尋味。有貌無形的女孩最多只能算是個「花瓶」，乍眼一看還過得去，多瞧幾眼便覺得漏洞百出；氣質好的女孩，即便是先天「發育不良」，後天的氣質也能潛移默化，逐漸幫你彌補這些漏洞，所以，一個女人不管任何時候，都要記得擦亮你的氣質商標。

鄧麗君在七〇年代可謂是大紅大紫，清新甜美的歌聲如旋風一般刮過全亞洲的每一條小街小巷，她那輕鬆活潑、溫婉流長的中國民謠小調，成為那個時代的記憶。

最讓人難以忘懷的就是她的聲音和整個人的一種特別的氣質，有媒體甚至評論說：「那是一個若干年後你仍然願意為她駐足街頭的女人」。她典雅甜美的外形、溫柔細膩的內心，她的一顰一笑都融入到每一首歌曲之中。

女人的氣質是豐富多彩的。有的人或許只具備一樣兩樣，有的人則可能融多樣氣質於一身。事實上，幾乎每個女孩都希望自己既有漂亮的外貌，又有非凡的氣質。然而，外貌是天生的，我們無法改變，但只要精心培養，照樣能打造出氣質美女。

對男人來說，女人優雅的氣質具有極大的吸引力和誘惑力，那是讓男人拜倒在自己石榴裙下的強大武器。有氣質的女人，在庸脂俗粉之中，無異於鶴立雞群。

氣質美是一種深沉的優雅，是女人獨有的黯然芬芳。就仿若是一瓶香水，雖然香水是無數花蕊成就的一段精華，卻不再與美顏有關，而且無色透明的，但是它內部散發的卻是徐徐而來沁人的味道。

以貌取人是膚淺的行為，氣質才是真正能展示女性內涵和魅力的表現。一個女人如果時刻保持一種優雅的氣質，不僅能讓自身得到一種境界的昇華，還能因此贏得他人肯定的目光，只有擦亮你的氣質，相信自己，才能展露你的自信和魅力。

三、歲月如酒，老去的只是時間，沉澱的卻都是韻味

歲月或許可以消磨掉女人的容顏，但是卻可以在女人身上沉澱出韻味。當一個女人經歷過時間的洗禮，褪去了可愛的柔弱和稚嫩的青澀，她們無論在氣質、舉止、談吐還是肌膚、妝扮上，都可能留有破繭化蝶的魅力。

女人的韻味絕非天生，而是需要一個慢慢沉澱的過程。女人可以因為沒有年齡的優勢而不再美麗，畢竟無情的歲月會把每個人的外形擺弄的面目全非，但是卻可以保有淡雅從容的心靈和姿態。因為經過歲月洗禮後的女人，在經歷人生的種種境遇後，會不斷的成熟、完善。久而久之，哪怕是一個眼神，一個手勢，都會顯得韻味十足。

有韻味的女人，是善良智慧的女人。她們在歲月的磨礪中，逐漸懂得做人處事的真諦，經得起花花世界的誘惑，不會再隨波逐流，明白家、朋友、事業之間的關係。通常

她們愛好廣泛，日常生活中注重自身的內涵修養，懂得把愛的陽光撒向大地。

一位美容專家曾經說過：「二十歲的容貌是上帝賜給的禮物，三十歲的容貌是生命成長的縮影，但同時更是自己經營的心血。而一個女人在六十歲的時候，能夠修煉成為自己一生中最美麗的時候，深深淺淺的皺紋裏蘊滿風韻，平凡的裝束也能散發出驚人的優雅。你能看到她由十六歲就開始成長起來的美麗得到完美的體現。」女人一生的軌跡正是如此。

首先，是大家所熟悉的基礎皮膚保養。皮膚的好壞除了先天賦予的之外，更重要的還是我們後天的保養。特別是隨著年齡的增長，膠原蛋白逐漸流逝，皮膚會變得毫無光澤彈性。所以在這裏推薦一種有效的「雞蛋食療養法」。我們可以取一隻雞蛋，在開水中煮三分鐘，確定蛋白全熟、蛋黃半生熟後，敲碎雞蛋一小角，放入少許食糖便可以服用。這種方法具有很好的滋潤作用，可以讓皮膚變得又白又滑，而且方便快捷。

其次，是身材的保養。人到中年，通常比較容易發福，這個時候，我們的飲食一定要注意規律和健康，可以少吃一點甜點、油膩的東西，但切記一定不要什麼都不吃。蛋白質與脂肪都是維持人體肌膚所需的「倉庫」。另外還要多加運動，保持鈣質的補充和骨骼的健全。

最後，是心靈的保養。知識會讓女性更加自信，尤其是隨著年齡越來越大，更應該隨時跟社會保持聯繫，通過學「知識」來「保養」自己。

歲月無情，最終女人的青春和容顏都會被時間悉數收回，但是在逐漸老去的路途中，女人的韻味卻更加濃郁。一個有韻味的女人是蕙心蘭質，儀態萬千，而且風情萬種的，她無時無刻不透露著一種雅態。

四、千萬別讓生活的忙碌消磨了美麗容顏

在大多數男人眼裏，一個只懂在工作和生活中勞累奔波的女人，就像是一架踩著時間點的機器，毫無魅力可言。雖然女人有了自己的事業和家庭，但是也要留給自己一點時間去裝扮自己，千萬不要讓自己的美麗容顏隨著生活的忙碌而逐流。

美國一家專門從事婚姻調查的機構曾發表這樣一份調查報告：娶漂亮女人為妻的男人比其他男人的壽命短十二歲。可是，令人奇怪的是，在現實生活中，卻有超過百分之八十的男人希望自己的妻子漂亮可愛。可見，在一個男人的眼裏，女人的美麗依然佔有很重要的地位。

聰明的女人懂得如何把握生活與魅力之間的那架天平。即便到了六十歲，也仍然會注意自己的衣著、妝容，像少女一樣選擇適合自己的保養品和化妝品。保持美麗，是女人一輩子的權力，永遠不能丟！

人不是機器，可以連軸轉，不是有句話說，只有會休息的人才會工作嗎？其實，整天忙碌並不一定效率就高，工作效果和花費的時間不一定成正比。所以聰明的女人絕對不會因為工作和生活的忙碌而忽視打扮自己。

美麗是女人魅力最好的包裝，對男人來說永遠充滿吸引力。如果你想讓自己紅顏常駐，一直美下去，對男人具有永久性的吸引力，就不能對自己太馬虎。做一個粗糙的女人是不可取的，那樣的話，也許不到年老，你就會失去對男人應有的魅力了。

有許多的女人在婚前，總是精心打扮自己，穿什麼樣的衣服，背什麼樣的包包，搭什麼樣的配飾，用什麼樣的香水，尤其注意一些細節問題。因為她們有的是時間去逛街淘「寶」，為了美麗，她們不惜讓自己的錢包乾癟，讓時間在美麗的商品中流逝。

有很多女人都感嘆和抱怨，自己為這個家嘔心瀝血，天天在不斷地奔波勞累，還奉獻了自己的青春和容顏，結果呢？那個曾經和自己信誓旦旦的男人卻在外面說自己是「黃臉婆」，被那個比自己年輕漂亮的女孩迷得顛三倒四。可是這能怪誰呢？

美麗是所有女人的權利，所以請你一定不要任意地放棄這項寶貴的權利。儘管夫妻不同於戀人，不需要你刻意去打扮，但是注意適當的修飾，保持在愛人面前的美好形象，是非常必要和應該的。我們說生活是流水，不是鹽酸，不要讓它連你做為女人最基本的資格都給腐蝕掉了，學會在生活之中，時刻展露你的光彩，才是一個真正的成功女性。

時間不是金錢，是不能積蓄、無法替代的，我們要在僅有的時間裏學會品味愛情和生活，時刻保持一個靚麗的身影，才能讓男人更加的愛你。

五、一輩子都要像十七歲女孩那樣乾淨爽潔

任何時候，一個外表清爽，行動俐落的女人，在生活中也是懂得品味的精緻女人。她們由外至內，乾淨俐落的形象通常能給人留下很好的印象。

優雅體面的著裝，微醺甜美的香水，時刻都像十七歲的女孩子那樣乾淨爽潔，在成熟中顯露一種小女人的姿態，這種女人在男人的心目中永遠會保留有無上的地位。因為她們大方又有涵養，看上去就如同悶熱夏天裏的一道清新空氣，讓人從心底裏舒爽。

男人可以忍受女人的嬌嗲和任性，卻不能忍受女人的髒亂和隨意。一個整天蓬頭垢面連自己都照顧不好的女人，怎麼能指望她照顧好別人呢？男人很多時候也是個小孩，要女人用溫暖可靠的雙手牽著回家，乾淨的家和純淨的臉龐永遠是心靈深處避風的港灣。

有的女人隨著年齡的增長，變得邋遢，甚至在外人面前都不注意避諱自己的形象。也從不收拾家裏，客人去了，沙發上堆滿了報紙、書刊、衣服，居然連個落座的地方都沒有，整個房間雜亂不堪。這些女人很忙嗎？其實不是，而是她們眼裏容得下髒亂，也養成了一種懶惰、懶散的生活習慣。

其實，愛乾淨、愛整潔，是一種生活態度，一種生活習慣，一種生活品味，跟工作忙不忙並沒有直接的關係。每天只要花那麼一點時間，付出那麼一點力氣，把自己居住的環境，工作的環境，弄得整齊乾淨一些，就當是鍛煉身體，就當是一次熱身運動，你沒有失去任何東西，卻換來了一種好心情，收穫了一份成就感，天天體驗了舒適感。

一個女人，如果走出去乾淨俐落，不僅僅是你臉面上增光，還能提高你的自信度。試想，一個不愛乾淨的女人，你還指望她會乾淨俐落地出現在任何場合嗎？不愛乾淨的女人一定出門都灰頭土臉的，沒有一點神采，即使她刻意地修飾過，旁人也可以在她的身上找到不乾淨的地方。這種女人可能連生活上都是煩瑣邋遢的。

愛乾淨的女人，一定是高雅聰慧追求品味的女人，這樣的女人從外表到內心都一塵不染，像一枝高潔的蘭花，秀外慧中。既然上天賦予你做女人的權利，你就要盡最大努力做好自己，女人應該有女人的味道，不一定是為悅己者容，就算是為自己，也要做到整潔。

女人一定要學會整潔，不管任何時候，一個乾淨形象的女人都能會讓人賞心悅目。如一朵幽蘭，獨獨開放在山谷，由內而外散發誘人的氣息。這種女人優雅、溫柔，飽含智慧。

六、品味真的是可以培養出來的

有時候，當我們看到街上看板中的美女，身為女人的我們都會不由自主被吸引，自嘆不如：「哇，真有氣質啊！」「其實我身材不差啊，為什麼她就穿得那麼好看？」其實，有很多明星能成為今天眾人眼中奪目的「星星」，是通過經紀公司後天一步步培養出來的，她們從各種訓練中慢慢修煉提升出了自己的品味風格，才能夠有今日的「閃閃發亮」。

在某些程度上，一個人的品味與她的氣質相輔相成，品味的高低往往取決於一個女孩在日常生活裏對新事物的發現。品味是自己一種獨特的味道，所以每個女孩都要讓自己的「味道」散發出來。即便你暫時還沒有發現自己的「味道」，也是可以通過後天培養發掘出來的！

如果說容貌有形，品味則是無形的，它是一個人內在的外在表現。外表的美麗是短暫的，但是只要你具備品味，就可以通過衣著裝扮，行為舉止，從內涵上掩蓋住自己很多的不足。不管你處在何種年齡，你都可以藉由訓練自己的審美感，從而培養提高自己的品味。如今，許多相貌平平的女子，因為有了優雅的品味，從而有了高雅氣質的襯托，越發神采飛揚，風韻動人。

或許同樣的東西，不同的人眼光下會出現不同的版本，不要再為自己沒有別人會打扮而悲傷，品味的打造是可以慢慢培養出來的。女孩們自己也可以學會由審美觀去鑒定一件東西，那樣，你的舉手投足間就會顯露出高雅的氣質風範。

下面就有三點小法則供大家參考：

(1)訓練自己的美感

要知道不同年齡段的人會有不同的穿著打扮，可以多參考時裝雜誌，看看那些靚麗的模特兒們是如何精心裝扮自己的。

(2)重新正視自己

收起自己曾經慘澹的形象，為了使整體形象上的變化令人信服，多想一想電影中的那些女主角或宴會上光彩照人的社交名媛。

(3)不要輕視長輩的建議

要知道，長輩是過來人，聽過來人的話，總會讓我們避免陷入她們有過的誤區，不妨多討教一番。

有時候，我們可以在三十歲的女性身上看到，女人的衣著哲學，就像穿著一件鑲有毛皮領的喀什米爾大衣，搭配牛仔褲和高跟馬靴，把自己穿得嫵媚又休閒，但最重要的是性感。有人說，其實沒有什麼所謂的女人服飾代碼，如果你自覺是一位女人，就會自然而然反映在衣著上。這個，信不信由你。

另外，我們在提升自己的外在美感的同時，還要提升自己的內在品味。「聞香識女人」，要知道，女人的品味不僅僅表現在穿著上，還體現在她的人生觀上。內在品格的修養，是一個人的最根本修養，我們可以多讀書看報，用知識來豐富我們的意蘊，那麼這個女人所表現出來的品味自然是高的。

就讓我們揮別過去的「土氣」，讓自己閃耀起來吧，時刻鍛煉自己，從忙碌的生活中抽出一點時間去感悟品味，也許有一天，你會驚訝發現：「哇，沒想到我也會是個美女……」

七、女人一定要有女人味

曾在書上看過這樣一句話：「征服男人的，不是女人的美麗，而是她的女人味。」

看來，做女人一定要有女人味，女人味是女人的核心，是魅力之所在。現今，女人味早已成為大街小巷中膾炙人口的一個時髦的名詞。

女人味就彷若是一種無形的力量，能夠傳達出女人的氣息。沒味道的女人，即使她再怎麼如花似玉，身材漂亮，但只要她一開口便足以暴露出她貧瘠的內心和空蕩蕩的精神。所謂女人味，除了優雅魅力的外在表現，還應該具有內涵神韻這樣一種內在的品質。

在男人眼中，一個女人可以不夠漂亮，但不可以沒有女人味。有些男人在路上看到漂亮耀眼的女人，下意識的總是忍不住頻頻回頭，但是也就止於回頭。看看他們身邊，挽著他們胳膊的通常是一個平凡得不能再平凡的女人。為什麼？這個有著平凡面貌的女人憑什麼征服了男人？不用說，當然是那股特殊的女人味。

淑女與潑婦其實只在一線之間，但做一個幽雅的女人，有味道的女人，則是每一個女人殊途同歸的美麗夢想。不獨如此，男人喜歡淑靜大方的女人，如今就有很多的男人在為女人失去溫柔而嘆息。

無論是高級主管還是家庭主婦，都不應該失去女人應有的溫柔賢慧、細緻體貼。

女人味像一道名貴的菜，菜本身可能是沒有味道的，靠的是調味；女人味又如同一樽美酒，甘醇香氣撲鼻，抿口便醉。所以，能憑自己的內在氣質令人傾心的女人，才是最有女人味的女人。

做女人一定要有女人味，那樣才能吸引眾人的目光，尤其是來自異性讚賞的目光。最有資格評價女人的是男人，那麼，在男人眼中，到底什麼才是女人味呢？

(1)**矜持有智慧的女人**。表現「楚楚動人」是造成女人味的一個方法，當一個女人表現「弱」的時候，就絕對能激起男人憐香惜玉的心態。但是，你要學會巧妙的掌握動作語言，儀態萬方的舉止有時勝過千言萬語。同時，一個有智慧、內涵的女人更是男人的「手中寶」。

(2)**懂得品味和情調的女人**。你可以在忙碌的生活中，抽出一點時間去美容，懂得善待自己的女人才有女人味。你可以通過不斷地練習，來讓自己改頭換面，在穿衣打扮上儘量穿出女人的風味，選擇那些能夠將女性優美的身體曲線盡顯的衣服，這些都能夠在男人眼中增加許多難以言表的魅力。

女人經過歲月的洗滌後沉澱出的那一絲從容淡定便是女人味。它可以是女人身上淡淡的、濃烈的香水味，也可以是素面朝天的清新淡雅，更可以是洗浴以後身上存留的混合香氣。朱自清先生有過這樣一段對女人的描述：「女人有她溫柔的空氣，如聽簫聲，如嗅玫瑰，如水似蜜，如煙似霧，籠罩著我們，她的一舉步，一伸腰，一掠髮，一轉眼，都如蜜在流，水在蕩……」女人味就像是一幅流溢著詩的山水畫，耐人尋味。

美麗妖嬈的女人可以贏得男人們欣賞的眼光，但有味道的女人卻可以贏得男人的心，因為，有味道的女人所擁有的美麗是由內而外，持久彌新的。

Chapter 4

說他們想聽的
聽他們想說的

女人的口才必殺技

- 禮貌用語體現女人的修養
- 儘量多聊別人擅長或感興趣的話題
- 聰明女人不說「你錯了」
- 有時讚美的技巧比長得漂亮更重要
- 傾聽，讓對方說個痛快
- 優雅地說出「不」字

一、禮貌用語體現女人的修養

哈佛大學前任校長伊立特說過：「在造就一個有教養的人的教育中，有一種訓練是必不可少的，那就是，優美而文雅的談吐。」可見，優雅的談吐和溫潤如玉的語言對於女人來說有多重要，它更能體現一個女人的教養與品味。

生活中，我們常常可以看到那些名媛淑女和大家閨秀，一個個走出來都是儀態萬千，高雅尊貴。在公眾場合，當她們與人交談時，無一不是輕言輕語，談吐間立刻就能給人一種溫柔嫺靜的感覺，一個女人的修養和氣質便馬上顯露出光彩來。

在西方國家，如果你犯了錯，應該馬上提出抱歉的語言，如「對不起，剛剛不是故意的」「不好意思，我為我剛才的行為抱歉。」這樣不僅僅能顯得你大方，還能表達出你的愧疚之心，這也是禮貌用語中最基礎的。它能體現你的涵養，同時還能讓彼此立刻冰釋前嫌。

漂亮的交際花之所以能受到大家的愛戴，不僅僅是憑著出色的交際本領，她們優雅的談吐氣質和文明的禮貌用語才是真正為她們增光添彩的「明珠」。一位女性在社交場合中，如果能做到言之有禮，談吐文雅，就會給人留下良好的印象，同樣也會有益於社交活動；相反，如果滿嘴髒話，甚至惡語傷人，令人反感討厭則是必然的，自然會讓形象大損的同時，大大地阻礙社交活動的步伐。

孔子曰：「非禮勿言」。有教養、有學識的女人懂得用優雅的語言來規避淺薄和粗鄙，從而讓自己在人際交往中百戰不殆。這樣的女人平常說話有許多口頭「敬語」，這樣不僅可以形成親切友好的氣氛，還可以減少許多可能的摩擦和口角。

我們歸納了一些生活中如何運用禮貌用語方法，大家可以記住這「四有四避」：

(1)四避

1. **避隱私**。女性尤愛互相講秘密，但是在言語交際中避談避問隱私，是有禮貌的重要方面。比如歐美人就從不詢問對方的年齡，否則會被認為是十分不禮貌的。

2.避無知。女性在公眾場合應該避免言辭單調，辭彙貧乏，白字常吐。有教養、有知識的人聽到你的談話，則無疑感到不快。我們要能夠謙虛謹慎，不可妄發議論。

3.避粗俗。滿口粗話的人給人的感覺肯定是不快的，尤其是女性，會讓人覺得非常沒教養。

4.避忌諱。每個民族和國家都有自己所忌諱的東西，千萬不要大大咧咧，出口成章，不僅會弄得場面尷尬，還會讓人覺得你不懂禮教。

(2)四有

1.有分寸。

2.有禮貌。

3.有教養。

4.有學識。

可見，說話有禮貌有內涵的女人辦起事來會順風順水，甚至還會化險為夷。一般來說，如果你是一個容顏美麗的女性，動人的談吐使你更加美麗，讓人愛之戀之；即使你是一個相貌平平的女性，也會因此增添光彩。

優美得體的禮貌用語不僅僅透露出女人的修養，她還把這種禮貌的環境傳染給大家，讓大家都感覺到和諧的美感，心靈的舒適。同樣，這樣的女性還能把好運帶給自己。

二、儘量多聊別人擅長或感興趣的話題

平常，有很多頗有女人緣的女人，在與別人聊天或者碰面搭話時，總會巧妙地順著別人擅長或者感興趣的話題去談論，這樣不僅拉開了話題，而且從禮儀學上來講，也反映出一個女人會說話的魅力。

人是群居動物，免不了與人接觸，那麼在與別人碰面搭話時，除了微笑之外，最好的打招呼方式就是簡短地聊一些別人擅長或感興趣的話題，投其所好。這會讓別人心裏

感到很受用，聽起來比較舒服，同時，你也會贏得別人的友誼。

言談舉止中，如果一個女人能聊到別人感興趣的話題，可能會讓對方感到信賴，好感也隨之而來。但是你不可能對每一個人都足夠理解，能夠迎合每個人的興趣，那麼該怎麼做到這一點呢？

平時多注意觀察、多聽、多看，這樣你才能掌握對方的興趣所在，為談話打下良好的基礎。生活中，每個人都有自己引以為榮的東西，聊這些話題，對方肯定會非常興奮，讓彼此的距離感自然一下子拉近不少。

此外，談別人擅長或感興趣的話，並不是無原則地亂談一通，而要以基礎的談話原則為標準，如：老年人都喜歡懷舊，回憶過去那段美好的時光。中年男人一般都是事業有成者，因此應該多談及他的事業，無疑是最佳的選擇。對於中年女人，最有效的就是誇她的孩子，孩子是母親的驕傲。對於年輕的小夥子，則應該談談未來，談談美好的憧憬。對於年輕的女人，可以多講講對方的美容心得，這個時候的女人最關心的不過是這些而已。

接觸對方內心思想的妙方，就是和對方談論他最感興趣的事情，這樣能往往把彼此的那層「隔閡」捅破。心理學家卡內基也告訴人們，如果想要交朋友，並成為受人歡迎的說話高手的話，就要用熱情和生機去應對別人。

在社交場合中，有很多的女性只想讓別人注意自己，讓別人對她們感興趣，所以聊的話題大多圍繞自己，這樣只會讓別人沒有說話的餘地，自己永遠不會有許多真摯而誠懇的朋友。對別人漠不關心的人，別人也不會注意到她。

美國總統希歐多爾．羅斯福，是一個知識淵博的人。哥馬利爾記者曾經在採訪他後在報導中寫道：「無論是一名牛仔或騎兵、紐約政客或外交官，羅斯福都知道該對他說什麼話。」

他是怎麼辦到的呢？很簡單。每當有人來訪的前一天晚上，羅斯福都翻讀這位客人特別感興趣的話題的資料。因為羅斯福知道，打動人心的最佳方式是：找對話題，與對方心靈產生共鳴。

每個人的一生中都在尋找一種感覺，這種感覺叫做什麼呢？叫做重要感，而切入點是找感覺的最佳方式。因此，在與別人溝通的時候，如果你能抓住這種重要感，找到切入點，你就會成為談話的贏家。人人都喜歡談論自己，讓自己成為別人注意的焦點。所以，如果你願意抽出時間來關心對方感興趣的話題，那麼你一定會成為一個非常受歡迎的人。

三、聰明女人不說「你錯了」

聰明的女人在別人犯了錯時，不會趾高氣昂的馬上指明「你錯了」，她懂得給人留面子。中國有句老話叫：「人活一張臉，樹活一張皮。」學會為別人保住面子，是女人在與人交往說話時的一條基本原則。即便別人犯了錯，也要懂得給人有「臺階下」。

有些女人總是得理不饒人，而且特別喜歡給別人挑毛病，種種批評別人的話，誰聽了都不會痛快。對於這樣直接的批評，或許會讓別人一整天的心情都持續低壓。

卡內基曾經說過：「很多時候你在與別人爭論時是贏不了的。要是輸了，當然你就輸了；如果贏了，你還是輸了。」一旦與對方產生分歧，所有人在正面爭論中都只能充當失敗者，無論他願意與否。因為，十有八九爭論的結果都只會讓雙方比以前更相信自己的觀點絕對正確；或者，即使認識到了自己的錯誤，也不願意在對手面前俯首認輸。這個時候，最好的方法就是都給對方一個臺階下。

記住：永遠不要在公共場合或當著第三者的面批評別人。同時，在批評的時候，最好肯定一下別人的優點和長處，這是讓人保住面子的最好方法。

女人在生活中總會遇到眾多與自己相左的意見，面對這些不同的意見，你自然會申述自己的主張。不過，針對不同的情況，可以採取不同的方式，否則很難達到反駁的目的。如果你不懂得如何批評別人，以下幾種批評方式，也許對你與他人的溝通有所幫助。

(1)啟發誘導

高明的批評者是逐漸讓對方進入正確的意識，誘導啟發他進行自我批評，這樣就不會讓場面尷尬，還能讓別人改正錯誤。比如：「你回答得很好，如果能再舉個例子說明一下就更精彩了！」

(2)迂迴戰略

用一種令人愉悅的、迂迴的方式巧妙地批評對方，不僅氣氛輕鬆，還保護了對方的自尊心，也保護了自己的名譽。

(3)幽默搭話

不要用太過刺激犀利的語言點到被批評者的要害，含而不露，緩解對方的緊張情緒，啟發被批評者的思考，才能達到教育對方的目的。

(4)「三明治」式批評

美國著名企業家玫琳・凱在《談人的管理》一書中說道：「不要只批評而要讚美。這是我嚴格遵守的一個原則。不管你要批評的是什麼，都必須先找出對方的長處來讚美，批評前和批評後都要這麼做。這就是我所謂的『三明治策略』——夾在大讚美中的小批評。」

在批評前，你要先幫助被批評者打消擔心受怕這個顧慮。將批評夾在讚美當中，在肯定成績的基礎上再進行適當的批評，肯定能取得很好的效果。

女性一定要學會讓自己大度一些，能寬容的儘量寬容，不要反應過度。如果真的不能忍讓，可以在言語措辭上稍微柔和點，不要令人難堪。

四、有時讚美的技巧比長得漂亮更重要

在現實生活中，讚美不僅僅是一種現象，還是一門學問和藝術。而真情的讚美更能讓人心情舒爽，備感溫情。馬克・吐溫曾經說過：「一句真情的讚詞可以代替我十天的糧食。」因此智者經常善意地讚美別人，而愚者則到處樹敵，不招人喜歡。

古人云：「快刀割體傷易合，惡語傷人恨難消」，出言不遜者只會自食苦果。只有處處與人為善，真誠地讚美別人才會建立與人和睦相處的基礎。所以，如果你想成為一位受歡迎的女性，就必須學會衷心地讚美人。

真情地讚美能讓人打心底裏高興，還能滿足對方的驕傲感，讓對方心裏喜洋洋的。聰明的女人在讚美的時候，善於撓其「癢」，讓對方仿若醉酒般愜意。

但是，如果稱讚不得體，例如一些信馬由韁、天花亂墜地讚美，很可能讓人覺得你是在諷刺他，反而會遭到排斥。因此，讚美別人不僅要有誠意，更要講究分寸和方法。

讚美別人，就彷彿用一支火把照亮別人的生活，也照亮自己的心田，有助於發揚被讚美者的美德和推動彼此友誼健康地發展，還可以消除人際間的齟齬和怨恨。

此外，在讚美別人的時候，最好是發自內心的讚美，而且是對方津津樂道的事情，因為我們通常說，真情才能打動人。以下就來說說讚美別人的訣竅所在。

首先，讚美要順其自然，並且善於找對方的特色。

其次，讚美要看對象。像愛漂亮的女孩子你就讚美她的打扮，有小孩的母親最好讚美她的小孩，慈母眼中無醜兒，讚美她的小孩聰明可愛準沒錯！工作型的女孩子除了外表之外，也可讚美她的工作績效。至於男人，最好從工作下手，你可稱讚他的腦力、耐力。

再次，用語不要太肉麻，能恰當地表達你的意思就可以了，要不然只會讓人覺得你很虛偽，而且是為了達到某種目的才這樣說的。

最後，多讚美小人物，當他們有一點小表現，讚美他們兩句，你一定能夠收穫他們的好感，因為他們平常欠缺的就是讚美！

五、傾聽，讓對方說個痛快

善解人意的女人都是會聽別人說、瞭解人性的人。這樣的女人是討人喜歡的，她讓人們感覺她相當可靠、值得信賴和十分忠誠。做好配角，多聽別人說，並且不失時機地表態，才會使人覺得舒暢。

懂得傾聽的女人是無法抗拒的，因為她們富於同情心，願意分享人們的弱點，她們就彷彿是訴說者心靈上的慰藉，讓人在無助時感到有一個溫暖的依靠。

很多女人，常常是因為話說得太多了，而得不到對方贊同的建議。你應該讓對方儘量說出他的意見來，他對於自己的事，或是他的問題，當然要比任何人知道得多。所以你應該做好配角，讓對方多說話。最好是多問他問題，讓他把所有的事情都告訴你。

縱橫美國半世紀的天后級主播芭芭拉・華特斯，在競爭異常激烈的採訪領域中，之所以會獲得長時間的成功，就在於她在被訪者面前都扮演成一個傾聽者，她在傾聽過程中不斷總結別人的話語，在思考琢磨中用精彩的訪談和問題向對方提問，就這樣逐漸走向成功。

會傾聽的女性會在考慮自己的需要前，先考慮他人的需要，並且會支持和幫助他人。會傾聽的女人喜歡進入他人的心靈和頭腦，樂於分享他人深層次的感受。人們傾向於向傾聽者打開心扉，是因為人們渴望被關懷，而且真誠的傾聽者也確實做到了這一點。

每一個人都喜歡敘述有關自己的事，讓自己光輝的一面展示在對方的面前。有時候對方可能會受到某種因素的限制，不敢大膽地說出來。遇到這種情況，我們應該想辦法打破限制，這樣，對方就會自動地說出心裏話了，這就是所謂的「善解人意」。

懂得傾聽，也不要過分沉默，因為過分的沉默，會使對方不好意思繼續說下去。我們傾聽的最終目的，就是讓對方把怨氣爆發出來。會說話的女人，在別人述說的時候，會在暗中擔任「領導」的角色，把對方引導到預期的話題上來，或者是引導到對方喜歡的話題上來，而且在整個交談過程中不會讓對方發覺這種有意地預設和引導。

六、優雅地說出「不」字

可以肯定的是，生活中每個人都會有過向別人提出要求，而被人直接拒絕的感受，那種感受是十分難受的。聰明的女性都會儘量給對方留些情面，即使她很想反駁對方的觀點，也會巧妙的懂得避開那些「絕對」的、讓人不舒服的字眼。

女人在生活中總會遇到各種請求，那麼你自然會拒絕某些無理的要求。但是一定要學會採用不同的方法，巧妙地說出「不」字，否則會讓場面尷尬萬分。其實，拒絕也是一種學問，如果把拒絕的話說得靈活多變，可以使自己不必陷入兩面為難的狀態。

得到別人的愛戴，是你說話的最高境界。能說會道的女人之所以能輕鬆地應付這尷尬的場面，是因為她們懂得如何開口巧妙拒絕，說出心目中拒絕的字眼：

(1)擇時而沉默

(2)時間可以幫你說出「不」

(3)用推脫表示「不」

(4)巧借他人之口

(5)用「習俗」為藉口

(6)委婉拒絕，給對方留餘地

女人在社會上，就會與別人產生各種各樣的社會關係，每個女人在社會中都扮演著不同的角色，而且所要面臨的實際情況也會各不相同。當我們需要去面對一些對自己有壓力或違背意願的事情時，即便是必須的，但是如果對方要求太過分，這就需要我們去拒絕。如果我們懂得拒絕，就能巧妙地將自己從一些不必要的事物中解脫出來。

Chapter 5

受歡迎的是寶釵而不是黛玉

女人的處世必殺技

- 誰都願意看到你微笑的樣子
- 女人在酒桌上的應酬也是一種能力
- 讓別人丟面子的錯誤最好不犯
- 為了你的儀態，別為了一點小事與人爭來爭去
- 不做透明的「水晶女人」
- 心無城府才是最大的城府
- 人人都好為人師，不是大人物也用請教的口吻

一、誰都願意看到你微笑的樣子

著名作家沈從文在他的散文集《湘行》中曾經多次寫到沈夫人的微笑，那是一種難以描繪，體現其獨特女性魅力的微笑。生活中，那些最受歡迎的往往都是會微笑的女人，任何人都不會去討厭一個用甜美微笑迎接自己的人，這或許也是女人天生最寶貴的無形資產。

世界上最著名的微笑，自然是蒙娜麗莎的微笑了，據說日本有一個人被她的微笑所迷，每天都對著這幅名畫盯看兩小時以上。拿破崙這樣總結微笑的力量：「真誠的微笑，其效用如同神奇的按鈕，能立即接通他人友善的感情，因為它在告訴對方：我喜歡你，我願意做你的朋友。同時也在說：我認為你也會喜歡我的。」

希爾頓酒店是全球最大規模的酒店之一，它的名氣被世界人所知曉，從一九一九年的一家擴展遍佈世界五大洲的各大都市，之所以規模增加得如此之快，生意如此之好，他們對員工的的管理是十分貼合人心的，秘訣就是依賴於服務人員「微笑的影響力」。

從一九一九年到現在，希爾頓酒店的董事長唐納・希爾頓，每年都要多次到分設在全世界各地的希爾頓酒店視察業務，他每天至少與不同一家的希爾頓酒店的服務人員接觸。但是當他每到一個下屬酒店，總會向總經理到服務員逐級詢問，而他向各級人員問得最多的一句話就是：「你今天對客人微笑了沒有？」

社交場合中，微笑就像一種潤滑劑，聰明的女人比男人更善於利用它。有時候，爭得面紅耳赤或劍拔弩張的雙方，往往只需女人一個微笑、一個眼神或者一句溫柔的話語就能讓彼此火氣頓消，甚至握手言歡。

女人就該多微笑，只要是發自內心的微笑，就具有很大的感染力。每天多一次微笑，人生就多一點成功，要知道，微笑是助你成功的無形資產，它能夠瞬間縮短人與人之間的心理距離，可以說很多女人的成功往往都是從微笑開始。

世界名模辛蒂・克勞馥曾經認為女人出門時若忘了化妝，最好的補救方法便是亮出微笑，微笑的女人通常都有一顆寬容而永存於幸福的心。無論是你的客戶，還是你的朋友，甚或是陌生人，只要看到你的微笑，都不會拒絕你。微笑給這個生硬的世界帶來了嫵媚和溫柔，也給人的心靈帶來了陽光和感動。

微笑的力量非凡。它有助於緩解負面情緒，並有利於人們之間的交往。或許有人會提出疑問，任何事情都只要微微一笑就能解決嗎？答案當然是否定的。但是一個真心的微笑，不管是從眼睛看到的或從聲音裏感受到的，都是一個很好的開端。請給朋友一個理解的微笑，請給幫助你的人一個感激的微笑，請給那些不幸的弱者一個鼓勵的微笑，請給下班歸來的丈夫一個體貼的微笑……請你微笑，不用太多的巧言，你就是最美的，最受歡迎的。

二、女人在酒桌上的應酬也是一種能力

從古至今，酒都被人用來作為交際的媒介。有句話說：「酒逢知己千杯少。」而如

今，喝酒早已不只是男人的專利，女人除了上得「廳堂」，同樣也能下得「酒場」了。女人，尤其是漂亮年輕的女人，在酒桌上起著不可估量的作用。特別是對於會辦事的女人來說，酒桌是盡顯自己魅力與能力的最佳場合。

中國人的飲宴上，無酒是不成禮儀的。大凡我們叫人請客吃飯，必定少不了酒，不管是白酒還是啤酒，喝酒早已經成為中國人聯絡感情的一大法寶。不管你的身分是客人還是主人，都不免要在酒桌上客氣一番，所以，我們喝下去的不僅僅是「酒」，還是拉攏自己人脈聚集的一種應酬，這種應酬還能體現出一個女人的能力如何。

由於很多的女人大多不常飲酒，所以對飲酒的一些禮儀不大瞭解，所以可能會造成失態，那麼我們在宴席上要具備怎樣的飲酒禮儀呢？

(1)同歡同樂

如果參加宴會的客人比較多，就應該多談一些很多人都知道的話題，例如時下最流行的或者最引人注目的，這樣才能拉攏大家，得到認同。一定要避免自己一個人在那裏瞎聊，還有切忌傲慢無禮，這不僅僅忽略了其他人，還是一種不尊重人的表現。

(2)分清主次

通常大型酒宴都會有一個主題，而且都會圍繞這次主題而展開。在宴會上不要單純地為了喝酒而喝酒，要看准賓主，而且多試著與別人交談，進入一個友好的圈子，這樣才能防止失去交友的機會。

(3)語言精闢

一個在酒桌上能恰當地表現幽默風趣的女人，會給客人留下很深的印象，因為不僅僅展示了你的才華、修養，還能讓人感覺你的俐落大方，把大家的眼球都集中在你這兒，使別人無形中對你產生好感。所以，把握好說話的分寸非常重要，另外適當的幽默也很關鍵。

(4)敬酒規矩

敬酒前一定要考慮好順序，事先應該知道對方的稱呼，如果不大瞭解，可以先聽別人怎麼講。一般情況下，敬酒應該以年齡大小、賓主身分為序。在西方，敬酒通常有很大的學問。同時，少數民族中敬酒也有很多學問，所謂入鄉隨俗，一定要注意這一點。

酒是越喝越醇厚的，因為如今很多女人除非公務纏身，要不也不會去喝那麼多。以下總結了一些酒桌上不得不注意的小細節，這些技巧可以適時的幫助你。

首先，妝容要打扮清雅，對於酒量差的女人來說，這無疑降低了風險，讓人覺得你的態度是莊嚴的，而對於酒量好的女人來說，這就是絕地反攻的障眼法。

其次，如果你真不能喝，那麼任何時候都不要主動。坐下後，先吃一點東西，或者之前先喝點牛奶，這樣不容易醉。不要幾種酒混著喝，乾杯後也不要馬上咽下去，你可以借助酒杯旁邊的餐巾，找機會用餐巾抹嘴，把酒吐餐巾裏。

最後，學會讓酒。所謂讓酒，就要記住，主管的酒絕對不能回，你可以慢慢地喝，但是切忌一口就乾，而且事先如果沒有安排指定你坐哪裡，最好與喜歡喝酒的人都岔開坐，這樣在酒席中你就有了多次打斷別人向你灌酒的機會。另外，也可準備一些醒酒的藥，，必要的時候，可以拿這種方法來醒酒。

總之，新時代的女性在處世中少不了酒桌上的應酬，所以女人一定要學會在酒桌上保護自己，見機行事。

三、讓別人丟面子的錯誤最好不犯

法國傳奇飛行家、作家安托安娜．德．聖蘇荷依曾說：「我無權去做或者說任何一個傷害人自尊的事。重要的並不是我認為他如何，而是他認為自己怎麼樣，傷害別人的自尊等於是在犯罪。」有時即使我們做的是對的，別人是錯的，如果讓對方過於丟面子的話，只會讓事情變得更糟。

人人都愛惜自己的面子，讓別人丟面子的錯誤最好不要發生。如果你因一時口舌之快，讓別人丟了面子，就會影響彼此的感情。

指責對方，無論你用什麼方式：一個眼神、一種語氣、一個手勢，或直接說「錯了」，其後果都是一樣的。她絕不會認同你，她只會認為她的智慧、判斷力和自尊心都受到了打擊。於是，她會反擊，而不是改變她的意見。因為你讓她在眾人面前出糗，還受了傷害。

人都有爭強好勝的習慣，所以大多數人都總想在別人面前站得高一點，其實這是做人的一大禁忌。有「心機」的女人懂得恰當的保住別人的面子是給自己加分。很多時候，對和錯是沒有很大意義的，在相比之下，保住別人的面子更重要。

如果有一天，你對某一件事知道得絕對正確，可以提出確實證據證明你不會錯時，最好也暫時打住。仔細想一想，傷害別人的面子，換來一個小小的勝利，是否真的值得。做人應該明白一點：給別人面子同時也是給自己面子。

記住：不管任何時候，即使你在爭論中把別人駁得體無完膚、一無是處又能怎樣呢？你可能暫時會高興，本質上你卻是輸了。一旦對方的自尊心受到了傷害，就會對你產生怨恨。而且即使口服，她的心也不會服。

《聖經》中有句話說得好：「你希望別人怎樣對待你，你就應該怎樣對待別人。」換句話說，就是不要逼別人入歧途。真正有遠見的人會在與人交往中為自己積累「人緣」，同時也會給對方留有迴旋的餘地。

生活中，你千萬不要哪壺不開提哪壺。有句俗話說得好，「矮子面前莫說短話」。

一定要注意場合和說話的分寸，不然傷害了別人不說，別人也不會輕易放過你的，到頭來只能是兩敗俱傷而已。

每個人都愛面子。而聰明的女人懂得社交場合給他人留面子的重要性，這樣的女人辦事一定會順利。其實，只要我們懂得換位思考，並且時刻提醒自己，只有當我們尊重別人的同時，才能更好地贏取別人的尊重。

四、為了你的儀態，別為了一點小事與人爭來爭去

生活中，一些女性往往為了一些微不足道的小事爭來爭去，扯亂了衣服，拉亂了頭髮，最後落得兩敗俱傷不說，還讓自己的女性儀態受損。

其實，少一點計較，多點寬容與大度，不但自己能夠及時釋放心裏的垃圾，而且也會贏得更多的幸福。人生其實有很多的不公平，如果你每件事都認認真真地對待，仔仔

細細地去揣摩，那麼必定給自己帶來無窮的痛苦，所以人有時應該大度一點，學會用一顆寬容平常之心去看待，這樣，快樂才會常伴你左右。

那麼如何才能放寬心態，做到不斤斤計較呢？下面就教你幾招：

(1)試著換一種心態。

(2)讓自己忙起來，沒有空閒去想它。

(3)選擇一個空氣清新、不受打擾的地方，採取一個自我感覺舒適的姿勢，讓自己的身心舒展開。

(4)轉移自己的注意力。比如，去公園散心等。

(5)用音樂舒緩你的緊張情緒。

(6)做一些與當前具體事項無關而自己喜愛的活動。比如游泳、泡澡等活動。

生容易，活容易，生活不容易。尤其是女性朋友們，一生可能會遇到很多不順的事。如果你遇事斤斤計較不能坦然面對，或抱怨或生氣，最終受傷害的只有你自己。

學做一個寬容大度的女人吧！寬容的女人善於設身處地地為別人著想，尊重他人，用自己開闊的心胸容納別人，原諒別人對自己的傷害。這樣的女人會懂得抓住生活中的幸福，明白不會因為一些小事上的執著而放棄大好的幸福人生。

所以，聰明的女人，在處世中，要做一個心胸寬廣的女人，而不是對任何事情都斤斤計較、過於苛刻，這樣的女人在交際場合中才會贏得人緣，才會方顯自己的聰明智慧。

五、不做透明的「水晶女人」

《菜根譚》中有這樣一句話：「雁飛過潭，潭不留影」。意思是雁飛過了潭，牠的影子也不會留在潭面上。其實做人也要如此，要學會收斂你的性格。

有些女人，在處世方面，特別喜歡擺「臉色」。這樣無疑暴露了你內心的真實想法，別人會透過你的表情，來掌握你的心理，進而掌控整個局勢。做女人不能太透明。喜歡把喜怒哀樂擺在臉上，過於坦率直白，只會讓別人厭惡、反感，這樣對你的社交有很大的影響。

在辦公室這種敏感地帶，我們更要懂得凡事有所保留。不能把任何事情都呈現在大庭廣眾之下。隨便將情緒外露的人只會讓別人覺得你這個人太淺薄，什麼事都藏不住。保持好自身的神秘感，不要一分不留，不該說的不說，不該做的不做。

為人處世確實是一門很大的學問，有些女性過於任性而直率導致的後果可能會是相當可怕的。可見，做人不一定要像「水晶」般透明，在必要時可以有所遮掩或隱藏，讓別人追尋或探究，遠遠勝過直腸子去得罪對方。下面就有十大秘訣是當代聰明的時尚女性所必須掌握的，絕不要忽視它們：

(1)學會培養自身神秘感，心中要學會藏秘密，不要隨便就脫口而出。

(2)適當的給對方一點小提示，而不要毫無保留地和盤托出。

(3)學會找準時間，讓事情在對的時間裏面發生。

(4)一個高雅的女性是不會讓自己的粗俗暴露在公眾場合的。

(5)保持新鮮感，讓自己每天都顯得和昨日有所不同。

(6)人生的價值是靠我們自己來決定的，你的生活是你自己的，你是自己命運的主人。

(7)偶爾可以讓別人佔用自己的一點空間，這樣才能欲拒還迎。

(8)男人都喜歡自然清新的女性，因為他們也有自尊，所以不要隨便釋放自己的性格。

(9)擁有自己不為人知的「私房錢」，學會給自己積累本錢。

(10)對生活永遠學會燦爛微笑。

大陸著名主持人魯豫說：「人戀愛的時候都是傻的，如果一個人在戀愛中也精明，那這個人是恐怖的。」兩個剛認識不久的人一定會非常迫切地希望知道對方的事情，如果你太過於暴露自己的事，對方一旦瞭解你的全部事情，對你的興趣也會隨之急速冷卻。因此，要使每次約會都有新鮮感並使他對你持續抱有興趣，一定要在戀愛期間保有一點神秘感，讓他對你有尚不明白、搞不清楚的部分。

做到喜怒不形於色是一個人閱歷和性格的體現，這是做人的一種境界。城府深的人不會把喜怒掛在臉上，而這樣的人往往會更快地步向成功之路。你可以每天對自己說：「我絕不表現出不耐煩的神色。」或是反覆在心裏默念，久而久之就會顯現成效了。這樣，慢慢你就會發現自己的心思沒那麼容易被猜透了，也代表著你走向了成熟。

自古以來，凡是成功者很少有因外界的事物而易喜易憂的。將一切都表現在表面上，只會促使情緒強烈化，而不能忍受悲哀。不要做一個對隱私毫無保留、甚至通體澄澈的「水晶女人」。保留一份神秘，不該透明的最好不要透明，這樣你才能在人生的規劃中百戰不殆。

六、心無城府才是最大的城府

魯菜中有一道經典的「開水白菜」：高湯歷練，文火焙烘，再去除沉澱，看似清澈見底，但所有精華都已濃縮在湯水中，口感淳厚，回味無窮。有些女人，就如同這「開水白菜」，看似「清淡」，喝下去卻富含韻味。

這種女人在生活中，表面上和藹可親，憨厚大方。實則遇事沉著冷靜，即便內心很清楚，在表面上也是糊塗單純的，因此她能夠巧妙地躲避「災害」，用一份輕鬆和單純的心態去應對生活中的大小事。

現在很多女性都深陷職場焦慮，畢竟生意圈是一個爾虞我詐的地方，職場女性如何學會高端城府很重要，但是如何與城府深的人打交道呢？

(1)兵不厭詐

(2)把指標投向對方

(3)擁有審時度勢的能力

(4)依樣畫葫蘆

不光在職場中，即便是生活裏面，女人也要懂得人情世故，規矩禮數，樣樣都拿得起放得下。感情世界中，男人喜歡把女人比作動物，但占到優勢的通常都不是那些嬌媚的「天鵝」，會唱歌的「百靈」，溫順的「貓咪」。那些看起來智商不是特別高、容貌不是特別豔、笑起來一副天真姿態的「企鵝」式女子，似乎更受大家的捧愛。

所以，女人想要擴展自己的人脈，獲得別人的認可、事業上的成功，那麼就要有見識和積累，學會去取捨、忍讓，暫不計較得失，將目標暗藏心中，這樣才能蓄勢待發。

七、人人都好為人師，不是大人物也用請教的口吻

俗話說得好：「三人行，必有我師焉。」人人都有弱處，請教並沒有高低貴賤之分。為人切忌驕傲、目中無人，即使不如自己的人，也應該懂得「禮讓三分」。

聰明的女人明白，和人相處是一門藝術。不論是在工作中還是處世的其他方面，都有可能遇到自己無法確定的事情，這些不是你硬碰硬就能解決的。所以，對於嬌生慣養的女孩來說，你需要放下自己的高姿態，然後用和緩的口吻和他人商量，這樣才是恰當的處世之道。

每個人都有一種想做重要人物的衝動，使對方覺得自己很重要，那麼女性朋友們該如何請教問題呢？

首先請教別人，要放低姿態。你既然是懷著獲知的目的去請教別人，就應該放下身

分，身分是可來可去的，但是你獲得的東西確是實實在在的。不是說請教別人，就讓我們低聲下氣、奉承諂媚，而是以一顆誠摯的心去對待人和事，做到不卑不亢。

其次，請教後應該多思多想。荀子說過「入乎耳，箸乎心」，多琢磨一下，還能有助於培養自己分析問題和解決問題的能力，避免下次再出現類似的問題時，自己無法解答。

作為女性，請教別人不但可以提升我們的能力，使我們的工作能力變得更強。更重要的是，還有利於我們獲得良好的人際關係。

要想在社會上立足，被別人認可，聰明的女人就必須懂得，在請教別人的時候只有放下身分，才能處世順利的道理。求人辦事一定要謙虛，不要狂妄自大，這樣，你才能在生活中行走時處處是「康莊大道」。

Chapter 6

做辦公室中才貌兼具的「雙核」女人

女人的職場必殺技

* 聰明女人懂得提升自己被「利用」的價值
* 用智慧突破你的性別桎梏
* 行走職場不當強硬「男人婆」
* 學會與比你遜色的上司交往
* 勇敢地去敲老闆的門
* 研究主管心理，適時投其所好
* 善用「女色」，與男同事和諧相處

一、聰明女人懂得提升自己被「利用」的價值

時常聽到這樣一句話：「不怕被人利用，就怕你沒用。」有「價值」的女人，就如同一顆閃閃發光的寶石，人人都想佩戴，但是一旦失去這種光彩，就失去了本身的利用價值，到頭來只有被遺棄的命運。所以，聰明的女人懂得如何提升自己的「價值」，讓別人器重自己。

特別是在如今競爭激烈的職場中，女人一旦沒有了可利用的價值就會像甘蔗渣一樣。所以，要想讓上司注意自己、提攜自己，最有效的方法就是增強自己的「可利用」價值。

會處世的女人明白，職場就猶如「戰場」，沒有一個帶兵打仗的將軍會要一個什麼都不會的士兵，一個沒有利用價值的士兵，是不可能被帶上戰場的。人都是趨利的動

物，只有設法提高自己的被利用價值，增加自己被對方利用的機率，才能獲得對方走近自己的可能性。

一位女性要想成為公司不可或缺的人才，並得到公司的重用和青睞，只有讓自己對公司具有更大的價值，那麼如何提升自己在公司的價值呢？

(1)勤幹活，多辦事，任勞任怨

要想獲得上司的關注，就一定要多做事，任何一個公司的老闆都喜歡勤快不怕苦的人。或許你的熬夜加班也許在不經意間已經被上司留意到了，再加把勁，下次你就會成為公司中不可缺少的角色。

(2)端正你的心態，少一些抱怨

俗話說：「成功的人找方法，失敗的人找藉口。」工作中出現問題，認真想想用其他辦法解決的方法，少些嘮叨，更能讓你的女性人格魅力展露出來，造就一個成熟的女性姿態。

(3)面對問題，不要逃避，勇敢向前看齊

困難其實是在考驗你的能力，同樣也代表著同事之間的一種無形的競爭力，要勇敢承擔，切莫逃避，要知道這對於自己是一種歷練。敢於承擔重擔的人，才能被上司的委以重任。

(4)合理運用休息時間

從古至今，我們都知道只有不斷學習，才能提升自己。特別作為一個辦公職員，千萬不要把大好的時光浪費在無意義的事情上。

(5)學會在工作中歸納總結自己

沉澱下來的都是知識精華，需要我們不斷地去總結自己，這樣在以後工作中才會越做越輕鬆。不但自己受益，公司也會覺得你做事效率高，能力強，肚子裏有「東西」。

有些抱怨老闆不賞識自己的女人，實在應該想一想如何讓自己具有被「利用」的價

值，在每天埋頭努力工作的同時，別忘記了隨時要睜大眼睛，觀察自己在工作崗位上究竟有沒有學到別人無可取代的一技之長？如果沒有，就儘快去創造自己的「可利用」價值吧。

二、用智慧突破你的性別桎梏

幾乎所有女人都夢想成為職場中的精英、商業女強人。可現實生活中，卻都感嘆自己不能像男人那樣去勇猛開拓。在她們的觀念裏面，似乎只有男人才是開荒拓野的先行者，從思想上就先把自己給否定了。

歸根結底，還是性別帶來的弱點讓女人自設了桎梏。事實上，決定女人的不是上天的安排，而是自己的智慧。一個有智慧的女人敢於挑戰自我，挑戰命運，這種女人有比男人更加強大的睿智，不管處在何種場合、何種地位，都能獲得成功。

職場就是一個小江湖，女人徒有美貌和伎倆是不行的，最終還是要靠實力和智慧說話。女人手中最大、最永久的籌碼就是智慧。不要因為你是女孩就放鬆對自己的要求，職場上沒有人理會你是不是女孩，如果你有足夠的實力，自然會有更多的機會。

《日本經濟新聞》不久前評出職業場上的女性應該具備的七種能力，依次是：健康的身體、明確的工作目的、良好的人際關係、電腦工作能力、外語能力、舒解精神壓力的能力、善用金錢的能力。從這些能力構成看，女性與男性在職業能力上似乎沒有多大差異，分歧主要在個人的工作能力方面。

其實，男性與女性在某些層面上，確實在不同的地方有優勢。但是決定成敗的關鍵，不是性別的差異，主要在於自己。不要因為工作上不順利，或者在處理問題失敗的時候，就把關鍵點推到性別上面，這不僅是一種不負責任的表現，而且還是一種對自己不信任的感覺。缺乏對能力和智慧的信任，只會導致你更加的失落。

在職場上拼搏的女性朋友們，請忘記性別吧！把自己和男性放在平等的位置上，不要以為自己是女孩就可以多受些照顧。職場上，只有競爭的殘酷，沒有性別的區分。多一分智慧，多一分能力，做一個睿智的女人。

三、行走職場不當強硬「男人婆」

生活中，有的女人性格強勢，一開口就表現的言辭鑿鑿，咄咄逼人，舉手投足間都透露出強硬的姿態。這種性格如果被放在職場裏，不但會被冠以「男人婆」的稱號，而且不大招人喜歡。

職場禮儀中，女人最大的優勢是自己的親和力與組織能力，如果你總是擺出一副「男人婆」的姿態，只會讓人覺得你冰冷難以相處，而且豎起的「架勢」似乎連女人應有的溫柔魅力也一同丟失掉了，這樣下去只會讓身邊的同事好友也退避三舍。

工作中的許多事情並不是按照自己的意願來轉移的。遇到了不合理、不公平的事情，不要表現得太強勢，這樣才會顯示出一個女人的魅力。下面有三個技巧，說不定可以讓你控制一下「男人婆」的脾氣，不妨對比著自己，參考一下。

(1)讓理智先說話

(2)「男人婆」也應該注意場合

(3)溫柔是把職場利刃

在職場中，女人應該學會用「魅力」包裝自己。收斂一下你的強硬態度，做女人，一定要學會利用自身的「優質」特點，特別是在一個男員工多的地方，你可以利用自己的「溫柔」而避免走入工作中的許多誤區。

不要以為光靠苦幹勤奮甚至實力就可以獲得青睞、在職場上闖出一片天。很多工作中的「鐵娘子」即便一朝得勢，也感覺不到工作的樂趣。因為她們無法理解一個職場女性擁有的那種眾星捧月般的感覺。

強勢的女人，要在工作中立足肯定艱難，沒有誰會願意隨時迎接一隻一毛不拔的「戰鬥公雞」。對付你的挑剔，日久天長，矛盾也會將你的能力淹沒。所以，一個有智慧的女人懂得，自己的「示弱」也是一顆職業「糖衣炮彈」，它能夠讓工作一直順利下去。

四、學會與比你遜色的上司交往

女性在職場上一定要懂得收斂自己，分清「主次」，過於鋒芒畢露只會讓自己陷入僵局。「得罪」上司無論從哪個角度來說都不是件好事，只要你在職一天，你的上司會給你一天臉色看，時不時還為難你。那麼如何讓你在上司面前留有迴旋的餘地呢？下面就有一些小對策供大家參考：

首先，理解上司，多找找上司的優點。

試想，有哪個上司喜歡身邊有一個專門喜歡給自己挑刺的女人，叨嘮不說還喜歡揭人短處，讓自己的形象在眾人面前毀於一旦。殊不知老闆要保住職位的欲望比任何人都要強烈。所以，一定要試著學會接受，多找他的優點。俗話說「尺有所短，寸有所長。」人都有在某一方面不足的地方，但是畢竟上司的工作經驗和積累的東西要比你雄厚得多，一定要懷著學習的心態找對方的優點。

其次，不要讓心中的「星」過於閃亮。

女性在職場中一定要懂得找好自己的位置。什麼時候做什麼事，應該怎麼做，不該做什麼，要明白自己的身分。不要讓自己「配角」的身分蓋過「主角」的亮點。比如，如果自己發現老闆真的出了一個差錯，也要懂得幫助老闆把事情圓通過去，這樣老闆不但不會對你反感，還會向你投來感激的目光。任何一個老闆都喜歡謙虛謹慎的員工。

最後，要懂得在老闆面前「低頭哈腰」。

人們經常說：「人在屋簷下，不得不低頭。」上司畢竟是上司，雖然業務能力不如你，但是你也不能因此不把上司當上司看。而且，遇到具體的工作時，要懂得先退後進的原則。低頭的目的是為了讓自己能夠取得與上司進一步討論的目的，讓上司放寬心情，也是為了保存自己的能量，好走更長遠的路，這不僅僅是一種職場的應變能力，還是生活中的一種智慧。

五、勇敢地去敲老闆的門

員工努力認真地做事，就一定能被看到嗎？老闆說的每一件事，難道就都是正確的嗎？或許並不是每一個老闆都能保持耳聰目明，面面俱到，萬一老闆得了「近視」、一時犯了糊塗，看不到員工的表現，那該怎麼辦？

女性在職場上面，總會表現得小心翼翼，不被老闆點名盯住已經很好，更不必說主動去找老闆談工作。其實主動去敲老闆的門，瞭解自己的現狀，詢問出現問題的方法，找出自己工作中的弱點，才能在工作中少走很多彎路，因此我們一定要學會勇敢地去敲老闆的門。

勇敢去敲老闆的門，不單單是指敲老闆辦公室的「門」。而是當我們發現與老闆產生意見分歧，或者自己在工作中遇見瓶頸的時候，我們能根據事實，用尊重的口吻去向老闆提出「為什麼」或者「怎麼做」。只有你大膽地提出這些問題，才能得到解決的方法。而且還能在無形中縮小了與老闆的「距離」。

不要讓你與老闆之間的那扇「門」阻擋了你前進的方向，女人應該摒棄你的膽小，不要讓懦弱的性格成了工作中的絆繩。其實，女性在職場中有著很重要的身分，通常情況下，老闆不會去刻意為難一位懂得向自己提出建議規劃的女員工，他更喜歡的是努力積極向上的人。

當然，職場問話也是一個較深的學問，當你預備去和老闆好好地溝通的時候，你一定要注意以下技巧：首先，說話的語氣要含蓄溫婉；其次，用事實說話，沒有一個老闆會喜歡一個信口雌黃的人；最後，面對老闆，你一定要保持一個尊重的態度。另外，不要在大庭廣眾之下與老闆兵戎相見，維護好老闆在眾人心中的形象。

任何一個老闆，都希望員工是自己身邊的智囊，是參謀。敏捷執行老闆決策，並且能夠靈活的與老闆溝通的女性，在老闆心中最受歡迎。勇敢去敲開那扇阻擋在你和老闆之間的間隔，就一定能為你的職業生涯贏來鮮花和掌聲。

六、研究主管心理，適時投其所好

對身處職場的女性而言，要想混個好飯，捧上金飯碗，就要學會適時的與老闆多接觸，適度的投其所好。這樣一方面給足了老闆面子，順勢拉攏了老闆與自己的距離；另一方面，還能理解透老闆的心理，為以後自己的職業生涯鋪路。

這不只是拍馬屁那麼庸俗簡單，要讓老闆賞識器重的同時，又讓同事拍手稱好，其中的分寸拿捏得當得由你的智慧來決定。

⑴機會是常有的，所以一定要抓牢。

很多新人往往儘量的遠離上司，這樣做只會讓你和上司越離越遠。如果你能經常有意無意地親近老闆，就會讓他在無意識中對你有了個印象，這對你以後在公司的發展有很大幫助。

(2)機會不來找你，學會主動製造。

如果在餐桌上和老闆碰面的機會不多，你也可以在公司其他某處碰上老闆，這種機會是自己給自己製造的。比如在上班的路上，或者電梯裏面。其實每一個老闆都希望員工能對他親近，因為畢竟老闆也是人，也生活在一個社會團體中。有些女人，見了老闆不知道自己該說什麼，更別說主動了。殊不知當老闆面對一個拘謹無措、唯唯諾諾的人，自己也會尷尬。所以你根本不用擔心沒話說，因為老闆為了打消你的顧慮是會主動和你聊家常的，你只要把這當做是一次親近老闆的機會就可以了。

(3)私底下做個精明的人。

辦公室裏人多嘴雜，上面又有層層老闆，要想親近老闆，讓他讚賞你，又要上下不露痕跡實在是挺難的。所以有些精明的女人懂得「私下」會請老闆。

要明白的是，你的飯碗是老闆給的，你口袋的鈔票也是老闆給的。即便你只是一名職場新人或者正在奮鬥的階段，如果懂得怎樣抓住老闆的心理，那麼你的「前途」就一定會順利。沒有一個老闆不喜歡聽適合自己的漂亮話，因為就連古人也懂得「金口玉言」的道理，伺候好身邊的「主子」才能為自己爭取到更多的利益。

在職場上勇敢闖蕩的女性，實肯實幹是能夠得到老闆的賞識，但是或許要等到很多年後老闆才會注意到你。如果你想在職場路上平步青雲，那麼就需要多些「甜言蜜語」。不要讓自己的拘謹反而「排斥」老闆，適時出現在老闆身邊，或許老闆無意間就會給你送上一份「大禮」。

七、善用「女色」，與男同事和諧相處

「男女授受不親」的年代早已過去，職場中的女性反更應該懂得善用「女色」，與男同事和平相處。並憑著自身的實力和才幹，求得出人頭地的機會。聰明的女人明白，

在這種輕鬆和諧的環境裏，才能讓自己有更多的空間和時間，去處理工作上的大小事。

但是，需要大家弄清楚的是，我們這裏所說的是善用「女色」，而不是「美色」。你的魅力不是用來讓你去做「花瓶」般無大腦的女人。是讓你吸引異性，並讓對方對你表示友善。不可否認，女人漂亮點在職場是佔有一定的優勢，但是也容易給自己找來麻煩。所以，作為一名職業女性，一定要善用自己的性別優勢，成為辦公室裏耀眼的星星。不要以為只有漂亮的女人才招人喜歡，盡顯「女色」同樣讓人願意接近。那麼，該如何施展自己的女性魅力？

(1)堅強是贏得別人尊重的好機會
(2)溫柔永遠都是女人獨特的魅力本錢
(3)突破語言隔閡，學會找到彼此的話題
(4)讚美的鼓勵，誰聽見了都溫暖
(5)知道「示弱」，很容易贏得他人的惻隱之心
(6)收斂一下自己的脾氣

Chapter 7

我的愛情我做主

女人的愛情必殺技

- 穿有質感的衣服，交有品質的男朋友
- 千萬別用身體跟他談情說愛
- 常常讓你微笑的男人就是好男人
- 值得你愛的男人並不一定是最優秀的男人
- 傷害你兩次的男人堅決不能要
- 愛你的人比你愛的人更能給你幸福
- 他成功不等於你成功，別讓你的愛情跪著
- 即使你們已經相愛十年，也要保持距離和神秘

一、穿有質感的衣服，交有質感的男朋友

衣服穿在身上舒服不舒服只有自己知道，找男朋友也是一樣，貼心是對著自己的。質感好的衣服可能不一定擁有光鮮的外表，但是卻讓我們備感舒適。對於愛情來說，也是同樣的道理。你的他不一定要長相帥氣、有錢，但是一定要能讓你開心、有安全感。如果你的衣服漂亮但穿上並不舒適，就不要再為難自己的身體，趕快換掉吧。千萬不要因為漂亮的衣服能得到別人的嘖嘖稱讚，而自欺欺人。否則，苦果只能由自己來吃。

生活中，有很多女孩子為了追求一時的「面子」和「幸福」，一時衝動之下，便深陷在愛情的幻想中，逐漸在裏面迷失了自己。如今社會，真正帥哥配美女的不多，即便是在一起了，相互因為猜疑而真正幸福的很少。女人一定要精明的對待生活，生活給予我們的是現實，不是虛幻的童話故事和那些電視中的泡沫愛情，一定不要在虛榮心中迷

失了自己。

幸福是一種實實在在的感覺，而不依賴於它光鮮的外表。不選最優秀的，只選適合自己的。只有生活在最適合自己的愛人身邊，你才會感到找到了歸宿一般的安寧，你才會得到自我價值被肯定的成就感。別忘記了，有些男人是「金玉其外，敗絮其中」，為了看起來漂亮而去選擇一件穿著不舒服的衣服，賠上一生的幸福實在是不值得。

只有適合你的人才能與你共度一生。因此，我們說選擇愛情就像選擇衣服，不一定要買「名牌」與「好看」的，那些表面上看起來冠冕堂皇的都不重要，最重要的是發自內心的感覺，合身、舒服的或許還能讓你穿出另樣的魅力和風情。

二、千萬別用身體跟他談情說愛

女人一旦陷入情網，對方一句義不容辭的「愛我就給我」，女孩便猶疑不定進退兩難，想想以後反正是要天長地久的，就依了他吧。於是，最後乾脆也就同居了，想著反正是要結婚的。可是，慢慢地發現一切並不如自己想像的那樣，直到他要離開你，你才恍然大悟，你還不是他的妻子，你只是心甘情願和他同居。

早知今日，何必當初呢？許多事實的經驗告訴女人，想要得到男人的心，較上乘的方法是若即若離，讓他霧裏看花、求而不得。愛情是需要距離的，有距離才能產生美感。女孩，在陷入熾熱的愛情時，請你慢褪你的衣裳。

也許你會擔心如果自己拒絕他，會不會失去他？就像你無法用身體留住一個男人的心一樣，他也不會因為你拒絕他而放棄你，男人的心裏話是：「我不會因為和某個女孩上床就愛上她，但是如果我真的愛她，我也不會因為她不和我上床就甩了她。」

最後有幾點忠告，單身和正在戀愛的女孩子必須記住：

(1)多愛自己，是最好最安全的投入，不要為了一支「無名股」就失去自己的尊嚴。
(2)男人不是女人的生活必需品，有些時候保留一份距離對你絕對沒壞處。
(3)存錢還是存男人？當然是前者，無論你多老，前者都會帶給你想要的驚喜。
(4)豪門美夢深似海，不要把自己當做那些大明星，因為這樣的愛情不是你能夠要得起的，即便是那些大明星，也還有失敗而歸的時候。

(5)一個把所有心思都用在你身上的男人，絕對胸無大志，因為他的時間都浪費在了感情投資上，試問，他還有時間去工作嗎？

(6)把身體放在自己置辦的房子裏，把心放在自己的身體裏，而不是男人的床上。

(7)當工作和愛情相悖而行時，請選擇工作，因為它是你生活的最可靠來源。

(8)愛情需要麵包，千萬別故作清高。

(9)別做第三者，見不了光的愛情，很快就會枯萎。

三、常常讓你微笑的男人就是好男人

女人的微笑需要男人來滋潤。一個好男人，懂得如何讓女人如花朵般嬌豔，如何讓身邊的女人時刻生活在陽光下發出動人的微笑。那麼，對待男友或者丈夫的關懷時，作

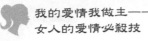

為女人應該怎樣回應男人的溫柔呢？

(1)當你已經悄然愛上那個追求你的男孩，一定不要暗自竊喜，亂耍脾氣。男孩子費勁心思地討你喜歡，他也是有尊嚴的。當你們約會的時候，不要讓他在你的門口等上太久，因為任何人的耐心都是有限的。

(2)他把歡笑帶給你，你同樣要把歡笑帶給他。因為，感情是相互的，如果只是一方在付出，那會相當的累。所以，面對一個能讓你時刻洋溢幸福的男人，一定要懂得好好去珍惜，畢竟這樣的男人已經很少了。

(3)給對方一些面子。男人都是要面子的。在你生氣的時候，他還在繼續逗著你笑，就已經說明了你在他心目中的位置，他肯為你卑躬屈膝，你也應該給他一個臺階下。雙方多遷就一下，一定能讓你破涕而笑。

(4)對他要倍加呵護，男人總是比女人過得更難，在外面風風光光的，心裏也有很多說不出來的苦衷。所以當他偶爾下班回家強顏歡笑的時候，你就要用女人特有的溫柔去關注他，因為誰都有不順的時候。

(5)適度的獎賞。男人做得很好的時候，一定要記得適度的獎賞一下，例如在你們的新婚紀念日或者戀愛紀念日裏，偶爾來點小驚喜，會讓他更加的愛你。沒有人希望自己的付出沒有回報。

(6)逛街的時候不要一心只想著自己。其實大部分男生都是不喜歡陪著女孩逛街的，很多可能都沒有陪過自己的老媽，只是由於你是他的女朋友才沒有發飆而已，換個人早就溜之大吉了，所以買了東西就趕緊回家吧，要是非要逛的話，不如去找同性朋友，和她們逛起來才是真的盡興，相信誰都不想看自己的男朋友走進一家服裝店的第一件事就是找椅子。

(7)做錯了事就要主動承認錯誤。男人可以一而再再而三地遷就你的錯誤，但是你自己也應該懂得認錯的道理。這也許還能換得對方的更加憐惜。那種認為兩個人吵架不管誰的錯認錯的一定是男生的想法已經過時了，現在男女平等，犯了錯誤承認一下又不會多長兩斤肉，所以錯了就請對他勇敢地說：「親愛的，我錯了，原諒我好嗎？」OK，矛盾一下子全解決了。

一個愛你、懂你、常常帶給你歡笑的男人，是非常不多得的，好女人也應該要懂得珍惜。當男人拉下面子為你做了這麼多的時候，你也應該要拿出女人的溫柔法寶。因為兩個人之間不只是被愛和索取，而是平等地相互體諒，相互關懷。

四、值得你愛的男人並不一定是最優秀的男人

成熟的女人不會去找那些最優秀的異性作為自己的終身伴侶，而是尋找那些「最適合我的」結為終身夫妻。許多在交往過程中「落選」的男女，不是因為他們有什麼不好，大多數是因為他們在某一方面的「不合適」。

有時候，人們時常會提到：「難道嫁個優秀多金的男人不好嗎？」嫁給多金的男人自然讓女人不愁吃喝，但是女人的幸福到底是什麼？名車？別墅？帥哥男友？十幾克拉的鑽戒？或許，在智慧的女人眼裏，這些大概都算不上最重要的，珠寶買不了幸福，容顏更容易老去。

女人之所以喜歡這些東西，除了虛榮心在作祟以外，還有就是因為這些東西能給她

帶來一時的滿足和快樂。女人其實最在乎、覺得最珍貴的快樂是貼心。你的那個他並不一定是最優秀的，但是卻能給你貼心的溫暖。有了車子、房子、金子，你依舊難免會覺得孤獨、空虛和寂寞。但是有了一個貼心的男人，不管生活多麼困苦，外邊有多大的風雨，你的心裏都永遠會是暖融融的。

當然，並不是說有錢的優秀男人都不貼心。生活中，有錢又貼心的男人多得是，沒錢又不貼心的男人也大有人在。其實評判的標準不在於錢的多少，而在於男人對女人切切實實的關懷度有多高。

五、傷害你兩次的男人堅決不能要

俗話說得好：「好馬不吃回頭草。」所有的感情裏，愛情應該算是最甜的，但也算得上是最脆弱的。有些女性因為愛了，所以開始計較得失，害怕失去，所以傻傻的寧願自己一而再再而三地被同一個男人遺棄，都提不出分手的勇氣。

當一個男人在感情上傷害過你兩次，就絕不能給他再次傷害你的機會了。你已經原諒了他一次，但是如果還有同樣的第二次，女人們就該醒悟了。或許，這個男人真的不夠愛你，因為你的話，他根本就無心聽進去。

一個美麗自信的女人知道，即使自己的愛情多麼美好，但是絕對不能一次次妥協。她不會讓自己在一個地方摔了一跤後，再多摔幾跤。

如果一個男人真的愛你，那麼就不會狠心地傷害你兩次，一次的錯誤就能夠讓他警醒，他當真如此珍惜你，不想失去你，就絕對不會再次去碰觸雷區。當你明白一個男人不愛你時，你還在那裏苦苦等待，根本就不值得。

愛情雖然可以浪漫，但是，愛情不是盲目和愚蠢，永遠不要學做愛情的「奴隸」，忘記曾經誘惑你的那些信誓旦旦的保證。女人要學會走出愛情的迷宮，不要受了傷害還那樣愛著，委屈了自己。

很多時候，只有當我們受過無數次傷害後才懂得有些男人是不會悔改的。為什麼一定要把自己弄得傷痕累累呢？愛情最忌諱的就是「剪不斷，理還亂」的情緒。在愛情

南懷瑾大師的十六堂課

文/ 張笑恒

一本拂拭心靈塵埃的智慧讀本
助你修身立命的塵世經書

為什麼生活中錦衣玉食，卻難掩心靈的躁動不安？為什麼事業上節節攀升，卻難抵身旁的是非糾纏？一場與智者高人的對話，一次對自我靈魂的審視！十六堂佛學課，十六堂生活禪，十六堂智慧心……為你提供人生的指引，獲得逾越障礙的技巧，掌握擺脱煩惱的智慧。學習南懷瑾的十六堂佛學課，聆聽來自佛門淨土的般若智慧，教你在一呼一吸之間領略人生的真諦。

單套郵撥85折優待

書目

《南懷瑾大師的實用智慧》、《南懷瑾：一代大師未遠行》
◎預告：《南懷瑾大師的人生學堂》

司馬中原精品集

鄉野小說的巨擘
經典文學的經典

在古老的中國民間裡，究竟有多少說不盡、訴不清的靈異故事？他的作品多次榮獲臺灣各種文藝獎項，內容包羅萬象，除以抗日戰爭為主的現代文學；以個人經歷為主的自傳式作品外，更有以鄉野傳奇為主的長、短篇小說，最受到讀者歡迎。近年則以靈異的鬼怪故事受到年輕讀者的喜愛。

書目

狂風沙(上/下)・荒原・紅絲鳳・月桂和九斤兒・斧頭和魚缸・路客與刀客・鬥狐・曠園老屋
獵之獵・祝老三的趣話・大黑蛾・冰窟窿・荒鄉異聞・巫蠱・流星雨・闖將・刀兵塚・湘東野話
遇邪記・最後的反攻・六角井夜譚・靈異・焚圖記・龍飛記・狼煙(上/下)・狐變・巨漩
挑燈練膽・東方夜譚之狐說八道【舞台劇紀念版】・藏魂罈子　- 陸續出版中 -

中，不要做老老實實的「廚娘」，妄想用繩子捆住男人，既然心都不在你這裏了，也無所謂你的感覺了，何必再相互苦苦糾纏？

女人愛吃回頭草，多半是因為自己的自卑，因為不相信自己還可以找到更加優秀的男人。這樣的女人都喜歡依靠男人，認為有了男人就有了一切，自然，沒有了男人也就沒有了一切，正因為這樣，所以在愛情中，一直都處於劣勢。

懂得生活的女人明白，與其自己受到別人的感情壓迫，不如自己去尋找新的幸福。切忌為了「一棵樹」，而放棄整片森林。

六、愛你的人比你愛的人更能給你幸福

有一句話這麼說：「找個愛你的人做丈夫，你能享受到更多的幸福」。婚姻不是兒戲，戀愛當中的雙方可能會耍些小脾氣，可是，放在婚姻裏，互不忍讓的脾氣就可能會

出大問題。選擇愛自己多一點的男人，他才會遷就你。正是因為愛你，所以能忍受你的小脾氣。

美麗的愛情有兩種：一種是霧裏看花水中望月，可望而不可及；還有一種是滾滾紅塵廝守一生。前者是你愛他，後者是他愛你。只有被愛的女人，才能在婚姻中品嘗到一種叫做「幸福」的果實。只有一個真正愛你的人，才會寵你疼你，才會給你帶來生命中真正的快樂。

當然，在你走入婚姻殿堂的時候，請你一定要考慮清楚，你的婚姻目的是為了要擁有幸福還是為了付出？如果你愛他多一點，那你自然會付出更多的愛，但是他卻可能無法回應你，給你回報，時間久了，你必然痛苦。

被一個男人愛著是一件幸福的事。因為他愛你，所以你可以肆無忌憚的在他面前撒嬌、扮癡；你可以任性地做任何你想做的事；在他面前你可以盡情的放任自己，你可以不修邊幅。因為你知道不管怎樣他都會寵著你、順著你、遷就你、包容你。

女人們，不要再執迷夢幻般的童話故事了，完美的愛情並不只有著一種形式。只要一個男人足夠愛你，那就嫁給他吧，因為嫁給愛你的男人一定會有幸福。

七、他成功不等於你成功，別讓你的愛情跪著

很多成功男士的背後都會有一個默默為他付出的女人，她們心甘情願，無怨無悔。可是卻忘記了，一旦男人的腳步穩健了，就再沒有去不了的路。或許在你正打算和他享受成功的喜悅時，他早已作出了離開的準備。

愛情不能只是單方面的執著或者委曲求全，而應該是雙方共同努力的結果。這一點，正是所有好命女人的共識！別指望你以最謙卑的方式，便能得到男人的愛。這樣乞討而來的愛情太廉價，即便你付出了自己的全部，還是有可能經不住「風暴」來襲時的考驗。

當一個男人愛你的時候，他會把你當成寶貝，捧在手裏怕碎掉，含在嘴裏怕化掉；當一個男人不再愛你的時候，你就是白色牆壁上的汙跡，怎麼看怎麼不順眼，他要想盡

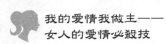

辦法把你抹掉。這就是愛情的真相。

有些傻女人，為了一個男人幾乎付出了自己的所有，可是到頭來卻換得一句無情的分手。她並不懂得，男人是不會去細數那些成功背後走過的艱難步子，因為他永遠在朝著自己的夢想往前方行走。你付出得再多，也有可能成為徒勞，運氣好的話，可能會得到一個虛偽的「謝謝」。

委曲求全只會讓對方變本加厲，只會讓自己一直生活在痛苦之中。那麼再浪費時間何益呢？還是儘早結束忍氣吞聲的生活吧！女人要想贏得真正的愛情，首先要做的就是感情獨立。女人一旦有了這樣的心理起點，才能讓愛情之花永不凋謝。

愛情是不需要委曲求全的，女人也不要委曲自己。如果真的想好好經營一個家，就應該想盡辦法，多學些處理婚姻同題的技巧，來引導自己的丈夫；或者投其所好，動之以情，曉之以理，讓他逐步認識自己、改變自己。只有雙方都為維繫這段感情作出同等的努力，婚姻才能長久、幸福。

清醒吧，如果你只能一個人在愛情的舞池中旋轉的話，就請理智的在愛情中抽身吧！

八、即使你們已經相愛十年，也要保持距離和神秘

有人說：「維護戀愛常新的秘訣是保持神秘」。當兩人恩恩愛愛、相濡以沫許多年，彼此都熟悉對方的一舉一動後，雙方當初戀愛時候的那份神秘可能早已不復存在。因此學會偶爾保持一下距離，初戀的那種似有似無的甜蜜可能就會回來。所以要讓你的愛持久彌新，就要給雙方騰出一點空間，增添一絲神秘。

《第一性》的作者海倫．費希爾博士說：「遊戲是使愛情長保新鮮的良劑。」當兩人相處久了，一直都在機械地做著同樣的事，那麼對方對你的興趣也會隨之急速冷卻。因此，即便是相處多年的「夫妻」，也一定要保有一點神秘感和距離。那麼，如何保持你的神秘感呢？⑴嘗試不同的自己。⑵偶爾編造幾件討厭的事。⑶不要把全部心思都放在他身上。⑷擁有自己的小秘密

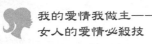

Chapter 8

心情的好壞其實就是一種選擇

女人的情場必殺技

* 公主脾氣要慢慢收斂
* 別讓痛苦停留太久，因為那樣會讓你變得難看
* 再鬱悶也不要去泡酒吧，放縱只會讓你失去美感
* 堵住痛苦回憶的唯一方法就是原諒
* 越訴苦越得不到同情
* 鬧情緒的時候就戴個「抱怨手環」
* 掌握一些自我激勵的方法
* 好心情可以「裝」出來

一、公主脾氣要慢慢收斂

女孩愛耍些小性子是可以理解的，但如果總是擺出一副咄咄逼人的大小姐架勢，可就不那麼討人喜歡了。咄咄逼人和自尋煩惱本質上沒什麼區別，一方面是你把對方弄得很不愉快，另一方面，你自己也會被氣得不行。

用咄咄逼人的語氣對人說話的女孩，總會給人一種很囂張的感覺。因為她們從來不顧及對方的感受，你必須要事事順著她，不然就生氣。而且生氣還必須要給她個臺階下，不然就死都不會主動承認錯誤的。她們從來不懂得站在對方的立場上思考問題，只會由著自己的性子來。最終的結果就是，弄得雙方不歡而散，自己的言語在刺傷別人的同時，也狠狠地扎到了自己。

那麼我們怎麼才能做自己情緒的主人呢？下面就有幾點供大家參考一下：

首先，給自己找原因，理智打敗它。

當你十分煩躁，脾氣開始衝起來的時候，你所要做的第一步是找出原因。只有找到了原因，才能對症下藥，控制自己不良的情緒。當然光說不做是沒用的，還要學會用理智去打敗它，要知道發火是一件傷人不討好的事。

其次，學會讓自己「消火」，放鬆心情。

著名歌手弗・拉卡斯特說：「每當我心情沮喪、抑鬱時，我便去從事園藝工作，在與那些花草林木的接觸中，我的不快之感也煙消雲散了」。如果你不喜歡勞動，你可以試著多做幾次深呼吸。在你將要發脾氣的時候，默數到十，這樣可以避免因為你的「怒不可赦」而讓本來的事情變得更糟。

最後，如果已成事實，學會反省。

當你發火之後，一定要冷靜的分析一下，自己發脾氣到底有什麼好處？是男友更加體貼了？還是朋友對你更加關心了？如果你只懂得做個火藥庫，那麼除了傷害別人之外，你也沒有什麼好處。所以一定要學會反省，學會包容和理解，遇到事情要學會換位思考。

成熟的女人不會隨便發脾氣，因為她已經學會了從容應對大小事，她的一舉一動中都透露出典雅大方的氣質。不會小氣巴拉的為了丁點小事就斤斤計較，亂發脾氣，因為這個時候她沒有把自己當成「尊貴嬌氣」的公主，而是「高貴美豔」的皇后。

放下咄咄逼人既是對別人的理解，也是對自己的寬容。氣勢凌人只會傷人傷己，只有善解人意才會利己利人。沒有人不喜歡善解人意的女孩，這樣的女孩只會讓周圍的人表現出對她更多的關愛。

學做一個寬容、為人謙讓、對人體貼的女孩吧，只有當你收斂脾氣，尊重別人了，別人才會反過來更加的尊重你。

二、別讓痛苦停留太久，因為那樣會讓你變得難看

安東尼祿賓曾經說過：「把苦惱、不幸、痛苦等認為是人生不可避免的一部分。

當你遇到不幸時，你得抬起頭來，嚴肅對待，並且說：『這沒有什麼了不起的，它不可能打敗我。』」人生就像變幻莫測的天氣一樣，不順利的事太多了：下雨沒帶傘，被淋濕衣服；男朋友喜新厭舊，把自己給甩了；工作中明明很努力、很勤懇，卻沒被老闆看到，而別人卻加了薪……既然不能避免，如果還是一味地沉入不如意的憂愁中，那麼只會讓自己的人生變得更加不如意。

人生如白駒過隙，我們沒有太多的時間去傷感痛苦，如果你一直沉浸在悲痛之中，你永遠也看不到第二天初升的太陽，何必自尋煩擾，不如高高興興的看待生活，笑容能使你變得更加美麗。

三、再鬱悶也不要去泡酒吧，放縱只會讓你失去美感

有修養的女人不會因為心情不好就刻意放縱自己，她們懂得用適當的方式排解心中

的不快，而不是用自暴自棄來解決問題。在現實生活中，有些女孩子，總會依自己的心情，很隨意的放縱自己的身心，比如：抽煙、酗酒，徹夜泡酒吧。

「我還年輕，偶爾放縱一下無所謂」「年輕就是應該嘗試各種生活，包括頹廢」，很多年輕的女孩是不是都有過這樣的想法呢？別以為遇到煩心事就必須去泡酒吧，酒吧不能幫你解決任何問題，只能讓你陷入更加糜爛的洪流。更不要以為在酒吧喝得不省人事就很酷，放縱只會讓你失去美感。

聰明的女人明白，放縱自己只是墮落的開始。人生不可能一帆風順，不如意之事十之八九，要知道放縱解決不了任何問題，只會讓你的生活更加糟糕。心情低落、鬱悶的時候，你要做的不是在放縱中逃避，而是面對問題，積極尋求解決問題的方法。

有句歌詞說得好：「放縱了狂野，卻仍然找尋不到明天。」可見放縱了自己的感覺，卻還是解決不了實際的問題。一個女孩子，首先自己要先看得起自己，別人才會看得起你。千萬不要意氣用事，酒吧是一個什麼地方呢？那是大家喝酒調情的場所，你放縱自己一次，可能就會後悔一輩子。

那麼遇見人生的低氣壓，我們究竟該怎樣擺脫呢？

(1)**找清楚自己的原因**。當你苦悶難耐的時候，一定要調整好自己的心態，不要輕易地就去否定自己。如果你一個人找不出解決的方法，就動員你的那些好姐妹們，幫你一起尋求解決問題的方法，只有這樣才能擺脫困境。

(2)**不要輕易就和自己妥協**。很多時候，有些女孩子一時頭腦發昏，而且如果還有旁人的刺激，那就無法無天了。於是，泡夜店、去酒吧，整個人就此頹廢下去。有時候順著自己的心情走，只能讓自己的心情越來越差，直到墮入無邊的境遇。所以一定不要輕易和自己妥協，人生最大的敵人就是自己。

(3)**調整好心態**。不管在任何時候，一個人的心態都是最重要的，特別是悲傷難過失望的時候，心態可以發放出強大的力量。所以心態要放平和，不要害怕困難，凡事要往好處想。懂得愛惜自己，不要用香煙美酒麻醉自己。

其實，女人就如嬌豔美麗的花朵，有時候得不到陽光的普照，可能會一時萎靡，但是生活中不可能時時是陰雨天，千萬不要就此放棄了自己。試想：在酒吧中，一個為了發洩情緒而孤獨愁悶的女人，在一隻高腳杯中放縱自己，那會是一個什麼形象的女人呢？所有屬於女人的高貴、美麗在此刻早已不存在，我們看到的是一個處處買醉、邋遢

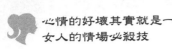

的墮落形象。

鬱悶並不可怕，可怕的是陷入鬱悶的泥沼不可自拔，甚至以自暴自棄來逃避困境。珍惜自己擁有的一切，遠離放縱，勇敢地去面對困境。

四、堵住痛苦回憶的唯一方法就是原諒

很多年輕的女孩容易犯這樣的錯誤，一旦自己稍有點得理之處，就變得蠻橫、得理不饒人，不肯原諒對方的過錯。可是，即使把這些不愉快時時刻刻留在心裏又能怎麼樣呢？與其在痛苦中苦苦掙扎，不如學著原諒。

懂得寬容的女人是美麗的，也往往能夠得到別人的尊重。因為她所擁有的修養是一種獨特的氣質和涵養，能讓她由內而外散發魅力的光彩。

學會寬容是一個女人成熟的標誌。生活中人與人之間難免會有摩擦，所以人與人之

間又不可避免地會產生矛盾，但只有寬容可以讓你們牽手走到最後。那些愛抱怨人生的女孩們，只有學會了忍讓，才會發現，原來幸福其實就在你的身邊。

戴爾・卡內基從來不主張以牙還牙，他說：「要真正憎惡別人的簡單方法只有一個，即發揮對方的長處。」憎惡對方，恨不得食肉寢皮敲骨吸髓，結果只能使自己焦頭爛額，心力盡瘁。卡內基說的「憎惡」是另一種形式的「寬容」，憎惡別人不是咬牙切齒恨不得置對方於死地，而是吸取對方的長處化為自己強身壯體的鈣質。這才是真正有智慧的人，要知道憎惡、報復沒有任何作用，只會讓你徒增煩惱。

有些女人整日為一些閒言碎語、磕磕碰碰的事情鬱悶、惱火、生氣，總去找人訴說，與對方辯解，甚至總想變本加厲地去報復。這樣持續下去只會貽誤自己，失去更多更美好的東西。因為一旦你陷入這無邊的仇恨中，你的記憶裏永遠就只有痛苦悲傷的片段了。

其實憎恨不如寬容，這也是一個女人該有的修養，如果你對他人的過錯一笑置之，別人也會對你寬容大度。要想成為一個富有魅力的女人，就應該豁達大度、笑對人生。有時一個微笑，一句幽默，也許就能夠化解人與人之間的怨恨和矛盾，填平感情的溝釁。

俗話說得好：「退一步海闊天空」。原諒別人也是放過自己，或許對方也有他的難處，甚至他對你造成的危害是無意的。因此，你也不必去仇恨斤斤計較些什麼。

寬容是一種風度，是一種修養。作為女人，也許很嬌貴，也許很單純，也許很浪漫，但只有擁有一顆寬容之心，才是作為一個女人的完美之本。

五、越訴苦越得不到同情

不論是在快節奏的職場上，還是平常的生活中，有些女人只要一遇到不順心的事情，就習慣性地向親人、同事或朋友倒苦水，希望能得到別人的同情和幫助。可事實卻往往適得其反，非但沒有得到別人的幫助，還容易引起別人的厭惡及反感。

一個美麗自信的女人，即便遇到再大的困難，也不會把時間精力用到「訴苦」上。

因為她們獨立而自強，懂得如何自我調節情緒與處理問題。即使她們不向他人求助，對方也會伸來援手，因為她們堅強的性格博得了他人的尊重。

也許並不是每一個人都喜歡充當傾聽者，有些人甚至唯恐避之不及。一而再再而三的在同一件事情上磨磨蹭蹭，只沉醉在自己的苦悶中，而往往忽略了傾聽者的感受，只會讓傾聽者感到厭煩。

當然，生活中不存在沒有煩惱的事情。特別是女性，往往承受的壓力很大，需要一個宣洩口去向別人傾吐心中的煩惱和壓抑，這是人之常情，可以理解。但是，如果總是希望他人無條件地去關注或幫助自己，往往很難引起別人的共鳴。這樣的傾訴不僅不能解決任何問題，反而會加重自己的心理負擔。

我們心中有了不滿的情緒時，應當先控制自己的情緒，如若實在需要有一個發洩口，運用起來也要適時、適當，那麼，我們如何來表達自己心中的苦悶而不讓別人厭煩呢？這就要掌握住三個原則：

首先，找出合適的傾訴對象是關鍵。我們應直接向引起自己困頓的人傾訴，而不要找替代對象。不要因為自己一時需要發洩自己的情緒，就胡亂找人，這樣不僅會引起別人心中的不滿，還會使得自己越憋屈。要做到朋友引起的困難就找朋友傾訴，主管施加的壓力找主管洽談。

其次，控制好自己的脾氣，是宣洩而不是發洩。宣洩是以第一人稱客觀闡述，表達自己的困難與苦楚，而且長話儘量短說，說話的時候注意自己的語氣，千萬不要用指責對方的口吻說話，這樣反而會容易引起別人的反感。

最後，心病也可以找心理專家醫治。現在的醫院都備有心理諮詢科，如果你發覺自己因為訴苦而無法解決時，可以找一個正規醫院。因為心理醫生有專業的心理知識，也是一個職業的傾聽者，能給訴苦者提供科學的幫助，真正幫傾訴者解決問題。

其實，我們苦悶的原因不外乎是自己生活工作上的事情。有時候，我們可以自己去調節自己的心理，不要動不動就依靠他人。常常依靠他人只會讓人覺得你很懦弱，在工作中會讓人覺得你挑不起大樑，讓人覺得你心智尚未成熟。

習慣求助的人，如果勇敢地承擔起責任，很快就會發現，那個令人不堪的包袱，並不像想像的那麼重，讓堅強自信的女人本色重新發揮出來吧。

六、鬧情緒的時候就戴個「抱怨手環」

美國著名的心靈導師威爾・鮑溫曾發起過一場「不抱怨」運動——戴上顯示「抱怨的紫手環」。他要求人們只要一察覺自己抱怨，就將手環換到另一隻手上，以此類推，直到這個手環能持續戴在同一隻手上二十一天為止。

其實，所謂的「抱怨手環」，不外乎就是學會控制住自己情緒的「手環」。很多時候，女性都走不出情緒這一大關，往往都被自己的情緒所掌控，讓情緒做了自己的主人。

契訶夫曾經說過：「在成功的路上，最大的敵人其實並不是缺少機會，或是資歷淺薄，成功的最大敵人是缺乏對自己情緒的控制。」有的女人只要情緒一來，就什麼都顧不得了，什麼難聽的話都敢說，什麼傷人的話都敢罵，雖然事後表示有些後悔，但是已經於事無補了，鬧情緒時說出的話做過的事，就如同潑出去的水，是無法收回來的。

「晴時多雲偶陣雨」據說是為女人的情緒而發明的，相對於男人，女性似乎更容易鬧情緒。事實上，鬧情緒只是一種個人情緒的發洩，而不是解決問題的方法。一個人越是心存不滿，抱怨不斷，就越是會消極地對待工作，就很難在社會上發揮出自己的潛力。因此，我們要學會控制我們的情緒。

那麼，女性朋友們如何才能讓每天的心情都充滿陽光呢？下面就有調節和控制情緒的幾個小法則：

(1)**嘗試轉移目標**。當火氣上湧時，可以嘗試有意識地轉移話題或做點別的事情來分散注意力，便可使情緒得到緩解。例如：看一場電影、聽一首自己喜歡的歌曲、出門散步等有意義的輕鬆活動，使緊張情緒鬆馳下來。

(2)**把所有的不平都吼出來**。如果你有了不愉快的事情及委屈，不要壓在心裏，可以把心中的不滿發洩出來。當然，發洩的對象、地點、場合和方法要適當，避免傷害他人。

(3)**用語言讓自己冷靜**。女性的情緒激動都只是一時的，所以不妨試著在心中給自己打氣，例如你可以對自己說「冷靜，別發火」，或者把這些語言都用文字表達出來，時刻放在自己看的到的地方，也可以抄錄在記事本的第一頁，隨時提醒自己。

(4)**偶爾來一次心靈瑜伽**。瑜伽是一種輕柔的舒緩健身，正好適合女性的柔美。在舒展自己身體的同時，伴隨著流淌的靜靜音樂，整個人身心也都放鬆下來。經常做一下瑜伽還能幫助自己塑造完美體形。

(5)**用回憶中的快樂來填補**。回憶中有很多值得自己高興的事情，回憶那些快樂的事情能讓眼前的不良情緒化為灰燼，讓自己得到紓解。

(6)**瘋狂的情緒發洩法**。這種方法主要適合職場女性，一周的壓力在週末可以得到宣洩是個非常巧妙的方法，不僅可以玩到許多自己想玩的遊戲，還能為下周有個美美的心情做好準備。在公園找一些刺激一點的遊戲，在興奮中用叫聲來宣洩，過後肯定有一種輕鬆的感覺。據一項美國調差報告顯示，此種方法是最有力的緩解壓力和情緒的方式。

(7)**幽默化解法**：培養幽默感，用寓意深長的語言、表情或動作，用諷刺的手法，機智、巧妙地表達自己的情緒。

女人如果只是每天都在不停地對著自己或者他人鬧情緒，不僅結果還是沒有任何改變，相反，使得自己的心智更加的迷茫與厭世。弱者任思緒控制行為，強者讓行為控制思緒。學做一個成熟的女人吧，做自己情緒的主人，才能夠做生活中的強者。

七、掌握一些自我激勵的方法

人說：「三分天注定，七分靠打拼，」就是說自己不能控制的事情（命運）占百分之三十，自己能控制的事情占百分之七十。

如果一個女人常常給自己消極的心理暗示，遇事悲觀消極，任由不能控制的事情支配自己的思想和行為，那麼，原來自己可以控制的百分之七十的人生就會逐漸縮小。相反，如果一個女人能夠掌握一些自我激勵的方法，那麼，自己可以控制的百分之七十的人生就會不斷地增大，這樣她就控制了人生的大部分。

既然如此，女人們想要做到有效的自我激勵，應該掌握那些方法呢？

(1)**適當的把握情緒**。每個人的情緒都有一個起伏期。開心的時候，體內就會發生奇妙的變化，感覺身體充滿了新的動力和力量，似乎隨時都能蓄勢待發。因此，找出自身的情緒高漲期，可以用來不斷激勵自己奮進。

(2)**調整好奮鬥目標的標靶**。一些女人之所以達不到自己孜孜以求的目標，是因為他們的奮鬥目標太小、而且模糊不清，使自己失去動力。給自己一個合理的目標，不要虛無縹緲的無法促進自己幹勁的東西。因此，真正能激勵你奮發向上的是：確立一個既宏偉又具體的遠大目標。

(3)**一定要居安思危**。提防自己的惰性，不要讓自己太安逸。安逸的生活只是一時的避風港，不是安樂窩。它只是你心中準備迎接下次挑戰之前刻意放鬆自己和恢復元氣的地方。

(4)**為困難找到解決方案**。如果你把困難看做是對自己的詛咒，就很難在生活中找到動力。只要用著堅強的毅力，就一定能夠戰勝它。而且如果學會了把握困難帶來的機遇，你自然會動力陡生。

(5)**真的勇士敢於直面恐懼**。增加自信心最行之有效的方法，就是通過戰勝恐懼而得到某種安全有益的東西。哪怕克服的是小小的恐懼，也會增強你對創造自己生活能力的信心。如果一味想避開恐懼，它們就會像瘋狗一樣對我們窮追不捨。此時，最可怕的莫過於雙眼一閉假裝它們不存在。

(6)**競爭是刺激自己的原動力**。競爭不僅僅是體驗自己能力的時刻，還是跟人交流獲得經驗的好方法。通過發現自己的潛能，為自己增加信心。因此，不管在哪裡，都要參與競爭，它能促使我們向前看齊，而且讓我們隨時彌補自身的不足。但要明白最終超越別人遠沒有超越自己重要。

(7)**不「犯錯」的士兵不是好士兵**。女人們有時候不做一件事，是因為她們沒有把握做好。她們可能感到自己「狀態不佳」或精力不足時，往往會把必須做的事放在一邊，或靜等靈感的降臨。如果有些事你知道需要做卻又提不起勁，儘管去做，不要怕犯錯。抱著打趣的心情來對待自己做不好的事情，一旦做起來了就會樂在其中。

(8)**勇敢走向危機的邊緣**。危機能激發我們竭盡全力。就像聖女貞德說過的：「所有戰鬥的勝負首先在自我的心裏見分曉。」無視這種現象，我們往往會愚蠢地創造一種追求舒適的生活，努力設計各種越來越輕鬆的生活方式，使自己生活得風平浪靜。當然，我們不必坐等危機或悲劇的到來，從內心挑戰自我是我們生命力量的源泉。

消極的暗示會讓一個女人變成魔鬼，自我激勵則能讓一個女人成為天使。一個女人要成功過上「好命」的生活，就要排除他人對你的消極暗示。不斷給自己輸入積極的自我激勵，比如「我一定能成功」等，那麼，事情的結果將如你想像的一般。

八、好心情可以「裝」出來

美國著名教育家戴爾・卡內基曾經說過：「如果你『假裝』感興趣，這態度往往就會使你的興趣變成真的。而且還能減少疲勞、緊張和憂慮。」可見，心情是可以裝出來的，而且越是裝成充滿自信的樣子，你的心情越會好起來。

人生是一個悲喜交加的過程，聰明的女人懂得如何「假裝」讓自己去高興，讓生活的痛苦和煩惱被心靈的「濾紙」過濾掉，撿取剩下的快樂，然後獲得真正的快樂讓自己幸福起來。

人生際遇豐富多彩，當我們身處逆境時，誰知道會不會是命運給我們的一次考驗、上天與我們開的一個玩笑，或者為我們提供的一次轉機呢？如果在壞心情面前，我們總在消極地悲嘆、抱怨，必定會與上天提供的另外機遇擦肩而過。所以無論怎樣，哪怕身陷絕境，就是「裝著」快樂，也永遠不要被壞情緒束縛。

每個人都像是一塊磁鐵，當你身心愉悅、喜歡自己、對這個世界充滿愛心與善意時，那些美好的事物自然就被你所吸引，即便你是「偽裝」的，但是你還是有「磁性」；相反的，當你悲觀、失落、抑鬱、厭世，做什麼都提不起興趣時，所有負面的情緒就相繼而來，如果你連「偽裝」的堡壘都沒有，就只能永遠做一個倒楣的人。

學做一個任何時候都能「談笑風生」的女人，這樣的女人不僅魅力十足，在任何時候都能成為眾人的焦點，在為人處世上更勝一籌，還能為自己拉攏更強的人脈。

Chapter 9

有「財力」才能活得更美麗

女人的財商必殺技

* 經濟獨立讓你更有魅力
* 有遠見的女人不享月光的「瀟灑」
* 沒錢的女人更要理財
* 最適合你的保險才值得買
* 女人最奢侈的事情是買了一堆廉價的無用品
* 樹立正確的理財觀念，不是才女就努力做一個財女

一、經濟獨立讓你更有魅力

一個女人如果沒有獨立的經濟來源，精神上也就很難獨立。我們時常看見一些有氣質的高級白領，穿著打扮不僅時尚還很幹練。正是因為她們有可靠的獨立的經濟來源，可以隨意支配金錢用來打扮自己，所以才能時刻充滿自信，煥發迷人魅力。

女人只有經濟獨立，才能獲得真正的人格獨立，過上自由的生活，這也是女人好命的「資本」。在經濟方面，任何一個女人都不能存在「靠」的念頭，因為「靠山山倒，靠人人跑」，只有靠自己最好。

現代女性一定要掌握經濟大權，不能光是依靠男人的經濟實力或社會地位，而是憑藉自己的力量，也能混得風生水起。這樣的女人，絕不將個人哀怨放到桌面上。她們自信、美麗、獨立，沒了男人，照樣能養活自己。

此外，更重要的是，工作能幫助女人實現自身的價值，帶給女人成就感和滿足感，而這些能讓女人變得更加自信迷人，讓男人欣賞你，而不敢把你當做自己隨意支配的私有財產。女人絕對不是一隻被男人養在籠子裏的金絲雀，不會讓男人的口袋決定著自己的生活品質。

女人一定要擁有自己的一份工作，給自己保留一份財務上的獨立，這樣才能進而成為人格獨立的女人。做個獨立而有魅力的女人吧，找回自信，讓自己更加美麗！

二、有遠見的女人不享月光的「瀟灑」

現代都市中，有很多女人都被封為「月光」女神的稱號。每個月辛辛苦苦領到的薪水，逛一次街就花掉一半，去兩趟超市又刷掉餘下的一半，最後連下半個月的生活費都幾乎成了問題，最後不得不向老爸老媽申請援助……

精明有遠見的女性頭腦裏時刻裝著一把小算盤，懂得如何在享受生活的同時，還能為自己節儉開支。在眾人的眼中，她們同樣活得絢麗精彩，但是卻很少出現「月光」族這樣的情況。

三、沒錢的女人更要理財

「我每個月就這麼點薪水，幾乎到了月底都用光了。就算剩下點小錢，也不需要理什麼財啊。」幾乎百分之八十不理財的女人都會如此抱怨。但事實上，這種想法完全是錯誤的。

要理財，先要理觀念，如果觀念錯誤，注定無法理財成功。其實，女人理財不僅要趁早，還應該從小錢開始。所謂小有小用，只要堅持，不出幾年，你就可以成為一個不愁沒錢用的精明女了！

從這個對比我們就可以看出，女人們之所以覺得自己沒錢可理，是因為自己沒有正確的理財觀念。只要養成了良好的理財習慣，把每一分小錢都用好，是每一個女人都能做到的。

具體說來，女人應從年輕就學會好好管理規劃自己的資金。不是有句話叫「積少成多」嗎，下面就有這樣幾點「理財」經驗之談：

首先，節約用電就是告訴你省錢。

其次，不要迷信看似優惠的月卡、年卡。

此外，即使有錢也不要隨便亂花。

最後，學會交有「品質」的朋友。

理財對於女人來說，是一輩子的事。當然人生的不同階段，理財的策略和重點也不一樣。二十歲的理財目標是，要堅決向月光族說不；三十歲的主婦，要統籌家庭開支，廣泛嘗試各類投資，即使風險偏大也不怕，只要能為家庭財富速度增值；四十歲的女性，則要善用積累財富，開闊投資眼界，一面保值一面增值，為晚年生活提供豐厚保障。

女人理財越早開始越好。那麼現在就開始吧，錢是慢慢節省出來的，學會「積少成多」的道理，不但不會造成你經濟上的負擔，更能讓每月的小錢在未來變成大錢。

四、最適合你的保險才值得買

如今許多人都有了深入的保險意識。尤其是成了家的女人，就更是熱衷於各種保險。但事實上，並不是所有的保險都值得去買，就像再美麗的一件衣服，如果你穿上不合適，那它就是不值得你花錢去買的。

現代社會，女人一方面要為理想打拼，還要照顧家庭，這一切都需要健康的身體和積極的心態作保障。另外，在生理上，女人還承擔著生育和哺育後代的使命和責任，這又給女性帶來了特殊的健康風險。因此，女人一定要做好風險預防，不幸沒有降臨自是皆大歡喜，縱使意外發生，最起碼要有足夠的經濟上的支持。

保險的種類繁多，如果盲目選購必定會帶來浪費。那麼什麼樣的保險最值得女性朋友們選購呢？重大疾病保險、生育保險，以及養老保險，這三類是最適合女人的保險。

五、女人最奢侈的事情是買了一堆廉價的無用品

當我們收拾屋子的時候，是不是常常會發現一些嶄新的沒有用過的東西呢？這些被沉積在箱櫃中很久的物品，很多都是我們在超市中「撿便宜」買來的吧。當時想著便宜，卻沒想到拿回家「毫無用武」之處，結果堆積起來成了一堆無用的「廢品」。

盲目地節儉，有時候會適得其反。學會如何去「省」下生活中開支的同時，還應學會「精明」二字。例如分清生活中必要與不必要的開支，那麼，這一部分不必需的開支你就可以省下。

許多年輕女孩常常因為心中的那句「我想要」，結果總是讓自己入不敷出。事實

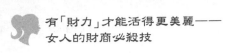

上，消費的第一守則應該是要建立在「我需要」上，行有餘力才能應付「我想要」。但很多女孩到最後被「打折」的物品所俘虜，結果付出了不必要的代價。

分清楚「我想要」和「我需要」，你就會在生活中省下令你想像不到的一筆財富！

六、樹立正確的理財觀念，不是才女就努力做一個財女

在現代社會，女性除了漂亮、有才這兩把利刃還遠遠不夠。想做一個獨立自主的現代女性，你還得是一個「財女」——懂得理財的女性。

女人為了美好的未來而努力賺錢的同時，還要學會投資。都說女人天生細心、有耐心，這讓她們更容易接近財富。目光長遠的女性是不會死守住那一點薪水，她會進行一個完美的資產規劃，讓自己的「小金庫」慢慢變大。但是也有不少女性因為盲目而陷入理財的誤區：

(1)能賺錢不如嫁個好老公。

(2)財富只求穩定不看報酬率。

(3)盲目的隨波投資理財或聽信明牌。

那麼，女性朋友們應該怎樣樹立正確的理財觀呢？

(1)理財是一個「滴水石穿」的過程，需要相當的時間和耐心。有些女性過於急躁，以至於前期投資還沒有進行一個階段，就放棄了。理財不可能讓你如同暴發戶一樣，一晚上過去就能成為富翁。

(2)任何時候，都要保持一個警惕性。財產的安全性首要應該放在第一位，而贏利性其次。如果你只是顧著去「掙」，那麼可能會失去更多。

(3)要保證良好的資產流動性。你的「小金庫」中一定要留有富餘的支付能力，不要全部拿出盲目地投資，這樣萬一有緊急情況的時候，你一毛都拿不出了。

(4)找專業的理財顧問諮詢。特別是那些擁有一定財產資金的女性，一定要同專業理財人員交流。因為通常他們為你推薦的會有更多的選擇和利用空間，但是自己也要有一定的分辨能力，因為錢是你自己的。

(5)隨時編制家庭財務報表，包括資產負債表和現金流量表，做到收支有數，心中有底。家裏的開支最好有個明細，這樣可以讓你一目了然。

(6)要制定量化的、合理的理財目標，針對理財目標配置資產，做到有的放矢。

(7)抵制過高的投資回報率的誘惑，任何過高的投資回報率的專案都是值得懷疑的。

理財的好處很多，但錯誤觀念同樣也會帶來弊端。女人們在管理自己資產的時候，首先要樹立一個正確的理財觀。否則，盲目的投資，只會讓自己的經濟壓力不斷增大。

Chapter 10

做一株鬱金香 而非攀附的牽牛花

女人的獨立必殺技

* 男人是用來依靠的，不是用來依賴的
* 女人請為自己而活
* 女人一定要有一份能養活自己的工作
* 如果沒有人陪，學著一個人聽音樂、讀書、旅行
* 不要讓男人影響你的喜怒哀樂
* 懂得愛自己的女人最美
* 如果留不住男人，就留住風度

一、男人是用來依靠的，不是用來依賴的

有許多特別是結過婚的女人，總認為與自己同眠共枕的這個男人，便是她日後生活中的整個支柱。彷彿剩下的路途中，再也離不開這把為自己遮風擋雨的「大傘」。她們根本就無法想像如果沒有了這把「傘」，她們的生命將如何繼續下去。

聰明的女人明白，男人是用來依靠的，不是用來依賴的。太依賴男人，就常常會遭其輕視，讓其厭煩。

或許，女人的依賴感是一種天性。任何時候任何場合，女人總會想讓自己有一種莫名的安全感，所以總是希望背後有一個支持自己走下去的力量。例如工作時，總希望有男同事能主動的幫助自己，助一臂之力。

聰明的女人明白，男人都喜好追求好奇心和追求新鮮感。所以她們懂得任何時候都

不會喪失自己，永遠在感情上做「投資」的第一把交椅。男人只是自己飯後的甜點，不是正餐。正餐是女人自己，是女人的自立。女人要愛自己，善待自己，才能活出自己的一片天空。

一個女人在有益於別人的基礎上，還要為自己活著，這也是人生的意義所在。如果你想獲得男人的寵愛，請你永遠都不要拋棄自我。拋棄了自我的人就是拋棄了人生，活著也就失去了意義。

二、女人請為自己而活

歷史上，女人總是作為某個男人的交換籌碼或者陪襯品而存在。但在如今的時代，女人已經擁有了掌握獨立的本錢。她們懂得生命是自己的，要為自己而活。

還記得《甜蜜蜜》裏張曼玉飾演的展翹嗎。她是一棵無論在什麼情況下都能夠茁壯成長的雜草，有著極頑強的生命力，有著獨到的見解。雖然相貌平平，但是因為她獨特的個性和爽朗的性格，成為一個讓男人為之心動的女人。以自己的本色活著就是對生命最大的尊重，可如今現實生活中的女人又在為誰而活呢？

女人有時為了孩子，為了丈夫，把自己的生活空間都給縮小了。你有沒有想過你的生命究竟是屬於誰的？你到底是為誰在活著？獨立的女人有自己獨立的生活空間，有自己一幫朋友。在經過繁忙的一周工作後，她會在週末約上一兩個知心好友去逛街，會在閒暇的時候去健身，也不忘及時去充充電。這樣的女人身上有一種淡定和從容，她們的生活也許波瀾不驚，但她們是美麗的。

獨立，不僅僅是男人的美德，也是女人的美德。獨立的女人是成熟的，她們因為獨立而使平淡的生命顯得異常精彩，她們的優雅源自生命的最深處，平添了一份令人讚賞的迷人氣質。

我們知道鬱金香，它那矜持端莊的花姿，酒杯狀鮮豔奪目的花朵，襯以粉綠色的葉片，在花的王國裏確實獨樹一幟。而獨立的女人就像這盛放的鬱金香，散發著屬於自己的芬芳，姿態永遠是那麼優雅。

雖然說男人都是有點大男子主義，但是任何一個成功的男士是無法忍受你像膠水一樣粘在他身上的，因為他也有自己的交際應酬。女人只有先把自己調整好了，才能自尊自強自愛，生活才會更有價值，這樣的女人身上會散發出迷人的芬芳，也才能贏得男人深厚的愛。

三、女人一定要有一份能養活自己的工作

你可能還沒有自己的事業，愛情之路也走得不大順利，但是你絕對不能把底線給丟了——你不可以沒有工作。

聰明的女人明白，工作才是自己最踏實的依靠和忠誠的奴僕。因為只有努力地工作，才能養活自己，這是眼前最實在的東西。努力地去工作，只要你用心，它就會寸步不離地跟著你，而且最大限度地給你回報。

聰明的女人明白，父母和男友都有可能離你而去的一天，如果你過多的依賴他們，到時候只會讓自己無所適從。所以女人一定要取得經濟上的獨立。即使你愛情甜美，一切順利，也要擁有一份穩定的工作，這些是「有百利而無一害」的事情：

(1)工作是你生活的本錢。
(2)工作可以填補你的苦悶。
(3)工作可以維護一個人的尊嚴。
(4)工作可以讓你找到屬於自己的幸福。
(5)工作可以讓你成為女強人，好命女。
(6)工作可以讓你做男人身邊最有力的後盾。
(7)工作的女人最美麗。

很多工作中的女人總覺得自己像是工作的奴僕一樣，勤勤懇懇來換取五斗米，於是巴不得要擺脫、要逃離，要去找個愛的男人過相夫教子的安逸生活。聰明的女人明白，有一份工作，才是自己最有保證的依靠。

四、如果沒有人陪，學著一個人聽音樂、讀書、旅行

年輕的女孩們總有一種莫名的依賴性，沒有了朋友們在身邊的喧鬧，沒有了戀人在身邊的甜言蜜語，難免會失落。這種時候，千萬不要一個人悶著，繼續折磨自己。更不要去想那些曾經傷心的往事和傷害你的人，把自己弄得像個怨婦一樣。

聽音樂、讀書、旅行，其實這些都是打發寂寞時光的不錯的選擇。學會享受孤獨，則無論這世間有再多的繁華、誘惑，都能一笑置之。一個人的時候，想想你的好朋友們，遠的近的，大的小的，男的女的。如果大家都沒時間，你依舊可以為自己找到快樂。時間總是分享出來的，而自己也能夠活出精彩的瞬間。

其實女孩有時候就是這麼奇怪，即便有時候朋友、戀人明明就在身邊，心中還是會莫名地寂寞。別以為這種時候就應該是顧影自憐的時候，你要相信每個女孩都和你一

樣，經歷過同樣的心情，所以還要學著給自己排遣寂寞，才是真正解決問題的辦法。

寂寞這件事，其實沒什麼好怕的。人生就是一個寂寞的旅程，在我們的生命中，總是有人來了，又走了，最終還是要你一個人來走完全程。再多的熱鬧、精彩，總有落幕的時候，人潮散去，你的心中是否又會升起一絲落寞？還是讓自己習慣並享受這種寂寞吧，這是人生給我們的禮物。

享受那些獨處的時間，把它們用來思考、讀書、聽音樂、旅行……讓自己成為一個有涵養、成熟的女性，學做一個「深度」女人吧。

五、不要讓男人影響你的喜怒哀樂

戀愛中的女人，通常會把男人的喜憂視為自己的喜憂，完全喪失控制自己情緒的能力。這類女人最後通常都會演變成為男人情緒的奴隸，活得非常的累。

一個女人如果在愛情裏暈頭轉向，把男人當成自己的中心，連喜怒哀樂都要受制於他，這無疑是一件很糟糕的事情。聰明獨立的女人懂得，雖然她也很愛他，但她絕對不會在情緒上被他左右和控制，她會依舊活得從容、瀟灑。

曾經聽過一句話：「愛一個人不要愛到十分滿，八分就足夠了。剩下的兩分，要用來愛自己。」這是值得每一個女性好好去品味的。其實，很多時候，女人的情緒受制於人常常是連自己也沒有意識到的。如今，越來越多的女人被那些「壞男人」控制住了喜怒哀樂，逐漸在對方迷人的光環下迷失了自己的情緒。

但是當愛情得不到回報時，她們可能經歷比死亡更為慘烈的痛楚，因為它是對自尊心的傷害和對自信心的痛苦一擊。當她們所愛的人讓她們失望，她們在一定程度上喪失一些自信心，這是相當正常的；但是倘若長期不能自拔又是另一回事了。

愛一個人愛到十分滿，在愛情裏就會喪失自我，失去尊嚴。你會被他牽著鼻子走，如被魔杖點中，完完全全不能自已。從此，你沒有了自己的思想，沒有了自己的喜怒哀樂，只能活在一個虛構的框架中，彷彿自己就是一個被牽了線的木偶。

戀愛中的女人容易失去自己，這並不可怕，可怕的是你不能意識到失去了自己。當有一天愛情轟然倒塌時，你才發現原來的自己已不復存在，倉皇之中不知該如何應對這突如其來的局面。

在女人的一生中，愛情很重要，但是如果為了愛，失去了掌控自我情緒的能力，就有點得不償失了。聰明的女人，要為自己活著，要有自己的朋友，自己的生活空間，而絕不能完全讓男人牽引著自己的喜怒哀樂。因為被人牽引的情緒絕不會走向喜，而只會走向哀，最終，連牽引你情緒的男人都將離你而去。

六、懂得愛自己的女人最美

常常聽到有人講到：「愛自己是萬愛之源，學會愛自己，因為這是世界上最偉大的愛。」一個不愛自己、不懂得珍惜自己的女人，是無法讓自己變得美麗的。

無論少女、熟女，還是兩鬢添白的老嫗，都是大千世界裏最靚麗的鮮花。只有懂得讓自己吸取陽光的燦爛，讓自己芬芳起來，才能展現出最奪豔的光彩。

有一個女孩，心地很善良，但是自從談戀愛後就變得敏感。當女孩與男孩走在路上時，看到對面有漂亮女孩迎面而來，她總會留意身邊他的神情。女孩一直只想著嫁給他後，他就一生一世愛自己，而自己要為他洗衣、做飯。對男孩的愛幾乎讓女孩付出全部，卻獨獨忘記了自己。從來沒有個一個人告訴女孩，要愛自己。

直到有一天，一個男孩身邊的另外一個女孩對她說：「放手吧，他已經不再愛你。」女孩回想起來，原來他有好久不再叫她的暱稱，與她吻別，不再皺著眉頭對她說，也許你可以換一個髮型。她想起了兩人許多的約定，還沒實現的夢想，甚至只是一個願望，有空去一下海濱，看一看海。終於，她決定學會了放下，用從前對他那樣的愛，去愛自己。

其實，每個女人都有自己的魅力，如果你懂得愛自己，善待自己，別人就容易看到你的魅力，會稱讚你，你會從這些讚揚中得到更多的自信，你也就會活得越發光彩，永遠保持對生活的熱情，這是個良性循環。

七、如果留不住男人，就留住風度

失戀，對於任何人來說都是一杯難咽的苦酒，尤其對於情感細膩的女性來說，那種烙在靈魂深處的傷痛有可能會一直伴隨著自己整個生命的旅程。

女人面對感情，本身就有點弱智，因而當愛情破碎的時候，很多女孩可能會選擇在這個時候死纏爛打，其實這樣除了讓他更加從心裏瞧不起和厭惡你之外，不會有任何效果。或許他還會後悔：面對這麼沒有自尊和風度的女人，為什麼沒早點選擇分手？

有些女人奉著「沒有愛情寧可去死」的信條，以其維護對愛情的忠貞。所以在失戀時，她們往往都會採取很極端或者不斷爭執的方式來對待這段感情。也許這樣可以博取同情，可並不能為自己帶來真愛，一旦對方認為狀況已經比較安全之後，他仍然會選擇離去。

放手是對生活的一種豁達大度，抓不住了，就有風度的放手吧！勉強抓住，只能使自己痛苦。何必呢？既然註定是一段已抓不住的愛還不如趁早放手，給別人留下愛的空間，也好讓自己有時間去愛另外一個值得你愛的人。

女人在任何時候都要記得，自己的「形象」不唯獨是相對於那個男人，還有其他的人。風度是一個女人最根本、最本性的東西。一個女人如果連風度都沒有了，那麼只會讓人覺得你跟大街上那些毫無素質指桑罵槐的人沒什麼區別。

或許失戀的確讓你悲痛，或許你會憂鬱一陣子。但是，你要記得，你可以失去這個男人，但絕對不能因為這個男人而喪失對生活的判斷，喪失掉自己的理智。絕對不能因為這段感情而連自己在大家心中的形象都損壞了。

美麗，可以有若干方式。如果當愛情走遠的時候，一個女人仍然可以用笑容來送別才是最美麗的姿勢，這種美麗才是永遠的美麗，這種風範也是一個女人的感性資本。

失去的已經失去，人生的道路還很長。不要因為這段感情就讓自己在眾人面前連帶著自己的形象一起「玉石俱損」。其實，回頭想想，難道真的有那麼遺憾嗎？為了一個不愛惜自己的男人，有必要跟著連自己的風度和自尊都不要了嗎？所以當愛情走遠時，記得一定要學會驕傲地甩甩頭，用「微笑」壓過那個不值得愛的男人。

Chapter 11

「鳳姐」不漂亮卻很自信

女人的自信必殺技

* 每一個女孩都應覺得自己是公主
* 欣賞自己，就算有自戀的嫌疑
* 利用不漂亮，提升其他可以驕傲的能力
* 不要信命，你才是自己的救星
* 寬容自己的缺陷，每個女人都是上帝咬過一口的蘋果
* 用自信釋放你的潛能
* 每天出門時對自己說「你真棒」

一、每一個女孩都應覺得自己是公主

蘇菲亞・羅蘭說：「一個缺乏自信心的女人永遠也不會有吸引人的美。」女孩子們或許從小就希望將來自己能像公主那樣美麗、動人。但是看著現實生活中自己短粗的身材，矮矮的個子，不帶一點爽朗的談吐，心中就此自卑了。

其實，你的這些特徵，並不是什麼缺點、缺陷。因為公主從不會抱怨，她們只會在摸索中改變自己。只要你內心認定自己是一個公主，那麼你就是這個世界上最獨一無二的存在，因為你擁有了公主的自信。

世界上沒有十全十美的人，每個女生都有她們的不足。無論你是高是矮是胖是瘦，還是貧窮富貴也罷，我們都要做一個有自信的公主，即使沒有人為你喝彩，但是要堅信，自己可以給自己幸福。

自信的公主會擁有誘人的氣質和難以抵擋的魅力。當然，一個女人如果沒有內涵，喪失自信，那麼即便是「閉月羞花」，也會讓人覺得有些「小家子」氣。況且，自古以來，多少美人熬成白髮，紅顏不再，容貌是女人最不能苛求的東西，因為隨時都在變化。而沉澱在心中的內涵，卻是亙古不變的事實。它會經由自信，把你全部的美麗毫無保留地完全綻放出來，這樣的美麗絕不會受到歲月的侵蝕。

依舊記得宋氏三姐妹們的獨特魅力，那就是充分的自信散發出來的光輝。即便是百歲之時，仍舊是風韻猶在，依然像公主一樣魅力四射，那種美麗不是溫柔，那種美麗不是漂亮，那種美麗不是可愛，那種美麗也不是清純。那種優雅的、自信的、有韻致的美就是公主的美。

作為一個女人，如果沒有自信，只能脆弱地活著；反過來講，因為信心的力量是驚人的，它可以改變惡劣的現狀，形成令人難以相信的圓滿結局。充滿信心的女人就像一個高貴的公主，不會俯首聽從命運的安排，她們總能以驚人的信心去扭轉命運，讓命運反過來俯首稱臣。

每個女孩子都是自己的公主，隨時向眾人展露出自信的笑容。即使我們將來變老了，那笑容也會銘記於心。因為不管曾經還是現在，我們依然可以充滿自信而幸福地生活。

二、欣賞自己，就算有自戀的嫌疑

很多女人因為長得不漂亮，就暗自在那埋怨父母。其實上天給我們每一個人的待遇，都是平等的。一個女人可以不美，但最重要的是相信自己、接受自己。

愛美是每一個女人的天性。一個女人即便不漂亮，但是有這種孤芳自賞的行為，也是一種美麗。每個女孩要懂得，在這個世界上，你就是唯一，是獨一無二的，你就應該為自己而感到驕傲和自豪。

也許你的容貌真的不漂亮，但是你不要把這歸咎為一種錯誤，那不是你父母的錯，更不是你的錯。既然不是錯，就沒有為之自卑的必要。接受它，然後用心去展示自己的另外一種美，相信你不會遜色於任何一位漂亮的女人。

自戀不是一種病，和精神無關，它是女人對自己身體的一種尊重，也是一種敬畏，人有敬畏之心才有愛惜之心，才有懼怕，怕自己失去最美好的東西，所以自戀也是一種美麗。

女人一定要接納自己，即便有一點點自戀，一點點溫柔。女人就是要活得精彩、活色生香，就是要風情萬種。

三、利用不漂亮，提升其他可以驕傲的能力

女人，可以沒有勻稱高挑的身材，光滑細嫩的肌膚，但是絕對不能放棄任何可以提升自己的希望，因為任何女人身上都會折射出不同的閃光點。

其實，不漂亮的女人同樣也可以擁有其他的「美麗」。每個女人都有自己驕傲的本

錢，我們可以從不同方面提升自己驕傲的能力，一樣可以讓自己活得自在而精彩。

錢鍾書先生曾說過：「無貌的女人多有才德，所以漂亮的女人准比不上醜女人那樣有才智品節，這是現代人流行的信仰。」從很多方面來說，漂亮的女人或許是能占得一定的優勢，但是那也只是表面上光鮮的東西，或許保存一時卻不能保存一世。

《簡愛》裏的男主角，有過許多漂亮女人追求他，而且他可以任意去選擇，但他最後娶了一個出身卑微，長得不美麗的簡，那是因為她有一顆純樸和善良的心。三國時的諸葛亮被稱為「智慧的化身」，他選擇的夫人是河南名士黃承彥的醜女兒，是他聰明一世糊塗一時嗎？那是因為他們都發現了對方其貌不揚的外表下，那顆亮光閃閃的心。

不漂亮的女人，重要的不是拿那些所謂的外在美不重要之類的話來欺騙或麻痹自己，重要的是要調整自己的心態，把自卑化作其他前進的力量。每個女人身上都有著不同的閃光點，她們都擁有自己驕傲的能力。學會保留一份持久永存的「魅力」，就一定要學會通過不同的管道來提升自己。

這個世界上，其實還有很多更重要的事情值得你去做和追求，與其整日沉浸在自卑的低谷中折磨自己，不如振作精神去做更有意義的事情。當你通過自己的努力獲得了別人的認可，你就會變得真正自信，而這無形中也會成為別人欣賞你的本錢。

有句話說得很深刻：女人的美貌是男人的牢籠，而女人的智慧，是牽著男人的那根風箏線。並不是在愛情裏才有討論女孩美貌與智慧的意義。無論在事業中還是生活中，以眾人的眼光來看，生活得瀟灑自在的那些女性，並不都是擁有絕世的容顏，而是為人處事自信大方，與之相處舒適，懂得如何生活的女性。

當青春美貌來不及繾綣情長，像美麗過客一樣倏然離去的時候，不漂亮的女人在歲月中積累的修養、知識，則會隨著歲月的剝蝕而愈加散發出美麗的光澤！

四、不要信命，你才是自己的救星

女孩們似乎天生就對星座和命運之類的話題感興趣，這些看上去不著邊的問題，在一些女孩們的心中，卻有著十分深刻的意義。她們執迷在算命先生的胡言亂語裏，漸漸地忘記了自己所在的真實世界。難道女孩們的命運就真的是已經被安排好的嗎？

美國歷史上最著名的總統林肯曾經說過：「人下定決心想要愉快到什麼程度，他大體上就能夠愉快到什麼程度。只有你才能夠決定自己的心靈，控制自己的思想。在這個世界上，唯一能夠搭救你的人，只有你自己。」

女孩們之所以喜歡算命，最大的原因就是因為她們不願接受事實，對自己缺乏安全感，對人生也缺乏安全感。當遇到什麼重大的挫折時，她們因為膽小，所以不願意去接受，而最終把自己交給上天安排，或者聽取他人的意見。

要知道，手相不是人生指南，不是人生的嚮導。如果你只是卑微地對著命運低頭，那麼命運就會更加地欺壓你。

遭遇坎坷的時候，人們總會怨聲載道、相信宿命。然而古往今來，凡成大業者，從來都不隨意輕信算命先生的嘴巴，也不屈服所謂上天的安排，更不輕易被困難打倒，而是將命運緊緊地握在自己的手心裏，窮其一生去奮鬥和爭取，最終成為命運競技場上的勝者。

曾經聽人講過這樣一個故事：某人站在屋簷下躲雨，看見菩薩經過，想請她順帶載一程，結果菩薩對他說：你我都在雨中，都是因為這把傘，所以不是我度自己，而是傘度我，你找傘去吧。想想，就連菩薩都自己「求」自己，女孩們，你們還有什麼理由去相信什麼所謂的大師和星座呢？

命運永遠是自己把握的，求人不如求己。或許有時候外部會給你帶來幫助，這的確是一種幸運。但從長遠的利益來看，外部的幫助卻可能還是禍根，要相信，只有鞭策你、迫使你自己自助的人才是真正的朋友。

一位偉人說過：「命運一半掌握在上帝手中，一半掌握在你的手中。」掌握在上帝手中的那半是指你的信念，有了實現美好願望的信念，你也就獲得了成功的一半。

五、寬容自己的缺陷，每個女人都是上帝咬過一口的蘋果

維納斯的雙臂是殘缺的，世界著名建築比薩斜塔是傾斜的，但是它們依然具備欣賞

價值及藝術吸引力。生活中，幾乎每個女人對完美都有一種瞻望。但是放眼望去，卻並沒有哪個十全十美的人出現。其實，每個女人都是上帝咬過一口的蘋果。

馬克・吐溫有段話讓人回味無窮：「紫羅蘭把它的香氣留在那踩扁了它的腳踝上。這就是寬容。」是的，只有以一顆寬容的心去看待自己或者其他任何事情，正視自己的缺陷，腳下的路才能走得更遠。

有空的時候，多問問自己：我是不是真的喜歡自己？然後肯定地回答自己：是的，我喜歡！你在保持一份輕鬆的心情的同時，或許早已容貌不自覺地變得自信起來了。學會接納自己，接納自己的缺陷，真誠地喜歡自己，喜歡自己的不完美，喜歡自己的個性。你會發現你不僅擁有更有喜悅感的生活和人生，還會獲得更多的魅力。

人的生命短暫而有限，尤其是女人的青春，如果一再地去追求絕對的完美，是追不完、求不盡的「圓周率」。而且，如果一味地往自己不好的一方面去想，只能讓自己更加的苦悶和自卑。所以，別再把這些有用的時間浪費在苛求完美上。

生活本身是很累的，生活本身對女人也是苛刻的，只有學會了在苛刻的生活面前寬容和愛自己的女人，才能使他人學會如何去愛生活！

那麼我們在生活中，怎麼學會寬容、如何面對不完整的自己呢？

(1)心態也是一種魅力

(2)學會快樂的生活

(3)不完美也是一種「美」

學會用一顆包容的心去看待自己，用平常的心態面對，不以物喜不以己悲！那麼你一定能開開心心過好每一天！

六、用自信釋放你的潛能

有一些外表看起來幹練、光鮮的白領女性，一旦經歷挫折或者失敗，她們會馬上摒除抱怨，給自己加油打氣。在自信與希望中重找力量，挖掘出自己最大的潛力，一鼓作氣勇敢地向著自己的目標進軍。

其實，任何一個女人的潛能都是無限大的，關鍵是如何能夠被激發出來。可能有些時候我們並不是缺少幹好工作的能力，而是缺少敢想敢幹的信心和勇氣。

自信是一種力量，更是一種動力。「自能成羽翼，何必仰雲梯」，當你堅信自己的生活一定能夠變得比現在更美好的時候，你的潛能就將無限放大，對於未來就會更自信，生活就會更加從容，你才會有更多的智慧和能量應對一切不期而遇的變故。

人的一生中，無論境遇如何，都要堅信自己一定可以變得比現在更好！假如你曾跌倒過一百次，那麼，敢於一百零一次站起，不如意的事情就能過去，好的時機就會來臨，你就成功了。

那麼生活中備感壓力的女性朋友們，究竟應該如何做，才能讓自信激發出自己最大的力量呢？別煩惱啦，下面就給大家推薦幾點：

(1)自己就是最好的對手，不要盲目比較。

(2)適當的時候，用「表情」帶動「心情」。

(3)將優勢發揮出來，找尋強大的力量。

(4)不妨找個心靈依託者，自信也需要堅強的後盾。

(5)客觀對待負面資訊，學會自我反省。

信心是成功之源，有了信心，我們才能勇於拼搏奮鬥，才能在奮鬥中不斷激發自身的潛能，才會在不斷釋放潛能中提高自己，有所收穫。

所以，女性朋友們，一定要趁著年輕，鼓足勇氣去挖掘生命中巨大的能量，做自己命運的舵手，把你們的無限風采和能力宣洩得淋漓盡致吧！

七、每天出門時對自己說「你真棒」

如果你可以經常面對鏡子，做深呼吸，大聲地告訴自己：「你真棒！」你會發現，不但走在路上會有「我比別人都好」的感覺，做起事情也會比以往更有幹勁。

女人的美麗有多種多樣的體現，有人有知識，有人有能力，有人有氣質，但最美的是懂得自信的女人，這樣的女人不會老是盯著別人的優點羨慕不已，她們相信自己有著比別人更優秀的方面。

在出門的時候多對自己說「我會越來越棒」，而不是「我的能力不會差」，看來，語言也是一個重要的原因。前者會不斷強化自己的信念，增強信心，而後者只會產生消極的心理影響，把差的概念印在了潛意識裏，逐漸對自己產生懷疑，從而弱化信念，毀了自己的信心和勇氣。

女性朋友們一定要明白，保持信心如同爭取高貴的名譽一樣重要，信心是女人走向成功的最有力的保障。所以從今天開始，每天都要告訴自己我是最棒的，我一定行！時間久了，潛意識裏就會印上這麼一層意識。以後，你會在每件事情開始前都能想到成功。

觀看過NBA聯賽的人或許知道，黃蜂隊有一位身高僅一百六十公分的運動員，他就是柏格斯，NBA最矮的球星。柏格斯這麼矮，怎麼能在巨人如林的籃球場上競技，並且躋身大名鼎鼎的NBA球星之列呢？這是因為柏格斯的自信。「別人說我矮，反而成了我的動力，我偏要證明矮個子也能做大事情。」在威克・福萊斯特大學和華盛頓子彈隊的賽場上，柏格斯搶走了從下方來的百分之九十的球。

有人說，女人如同一朵花，要花開放得燦爛，是需要隨時補充營養的。也就是說，一個女人要想活得燦爛，就必須學會自己給自己增添樂趣。女人們應該如何度過這一生？快樂是一輩子，痛苦也是一輩子，為什麼你不給自己找些自信，讓自己活得更快樂一點呢？

在當下，有很多女性用不懈的拼搏以及滿腔的自信開創了屬於自己的半邊天，與此同時，那些自怨自艾、柔弱無助的表現，只能讓自己的魅力大打折扣。女人只有充滿自信，學會自我拯救和自我完善，才能在社會上立足，做真正的自己！

聰明的女性知道，自信是一種可貴的心理品質，它一方面需要培養，一方面也要依賴知識、體能、技能的儲備。以前有人曾經說過，看一個人內心高興與否，就看一個人醒來時的表情如何。同樣的，如果你一天都保持著一個「苦瓜臉」，不光是自己越來越煩躁，還會讓周圍的人覺得你三心二意。只有讓自己心情亮起來，才能展現自信的光輝。

所以，如果想要讓我們的生命在競技的浪潮中永居前鋒，我們就應該大聲地對自己說：「我是最棒的，所以我可以！」那樣，你就能做個時刻春光燦爛的女人！

Chapter 12

不怕沒優點就怕沒特點

女人的個性必殺技

* 秀出自己的風格
* 每一顆星星都有自己的光彩
* 犀利也是一種野性美
* 感性中保持個性的女人最美
* 跳出與人比較的怪圈
* 學會欣賞自己才最重要

一、秀出自己的風格

在生活中，總有很多女孩對自己抱有不信任的態度，她們凡事都喜歡向多數人或者身邊的某個人看齊。不管是否適合自己，都喜歡跟風行事，甚至就連自己的一言一行都如此。只是日子一久，慢慢連自己的風格都丟失了。

聰明的女人明白，「漂亮」的確是女人贏得大家贊同的一種魅力。但是只有保持自己獨一無二的風格，才能做眾人心中獨一無二的存在。秀出自己的特色，才能活出自己的精彩。

世界名模辛蒂・克勞馥，最初登上模特界的時候，只是一位身穿廉價品、不拘小節、不施脂粉的大一女生。她從沒看過時裝雜誌，不懂什麼是時尚，更沒化過妝。但是她天生麗質，渾身散發著清新的天然香味，唯一美中不足的是，她的唇邊長了一顆觸目驚心的大黑痣。

有一次，當經紀人小心翼翼地把她那顆大黑痣隱藏在陰影裏，然後拿著這張照片給客戶看時。客戶因為非常滿意，馬上要見真人。可是當辛蒂‧克勞馥一來，客戶就發現「上了當」，客戶當即指著她的痣說：「我可以接受你，但是你必須把這顆痣拿下來。」

雷射除痣其實很簡單，無痛且省時，當她和經紀人商量把這顆痣拿下來的時候，經紀人卻堅定不移地對她說：「你千萬不能摘下這顆痣，將來你出名了，全世界就靠著這顆痣來識別你。」

果然，她幾年後紅極一時，日入數萬美金，成為天后級的人物。她的長相被譽為「超凡入聖」。她的嘴唇被稱做芳唇。芳唇邊赫然入目的，是那顆今天被視為性感象徵的桀驁不馴的大黑痣。如果以前她拿掉了那顆痣，就只能是一個通俗的美人，頂多拍幾次廉價的廣告，便淹沒在繁花似錦的美女陣營裏面，再難有所作為。

這個世界上就那麼一個自己，獨一無二。如果你不懂得做這個特別的「自己」，隨波逐流，那麼永遠也不會做到別人眼中最特別的存在。

想要別具一格，又想穿出自己風格的女孩子，怎樣才能秀出自己的特色呢？

⑴根據自己的特色，讓自己「亮」起來。

⑵說話也是一種展露個性的加分點。

⑶日積月累的東西，能讓你做最好的自己。

女人們，大膽地秀出你自己吧。無論如何，你都應該保持本色，做一朵世界上獨一無二的玫瑰才是最美的。

二、每一顆星星都有自己的光彩

晴朗夏季的夜空，常常會有繁星無數的局面出現。雖然密密麻麻一片，但是每一顆都有屬於它們自己的軌跡和位置。儘管它們發出的光很細小，卻依舊閃耀出自己的光彩，它們努力向世人證明著自己的存在。每一個女人都猶如這浩瀚星空中的一顆星，看上去雖然渺小，但是依舊擁有屬於自己獨特的個性美麗。

當然，在現代社會中，有些女孩行為舉止、言語淡吐令人難以忘懷，無形之中展現出了自己的魅力；而有些女孩卻面無表情，沒有親和力，自然沒有魅力可言。出現這種現象的原因就是個性在起作用。一般來說，鮮明的、獨特的個性容易給人深刻的印象，而溫柔的個性雖然很平淡，則很難給人留下什麼印象。

能夠保持個性的女孩，她們的信仰永遠是「個性在，故我在」。這個「我」體現的是一種自尊，一種鮮明的個人氣質。

對於很多女孩來說，似乎臉蛋比什麼都重要，但若失去了自己的個性，就如一朵人工的塑膠花，再美，也沒有真花的靈氣。當然女孩們的個性也許不是用來取悅男人的，但「持者無意，看者有心」。無論是男女，總會被與眾不同的女孩所征服。

因此，每個女孩都應有屬於自己的「光彩」，擁有屬於自己的個性，千萬不要在生活中遺失掉自己。有個性的女孩能夠一直堅持自己做人做事的原則，而能夠堅持自身原則的人，是需要具備一定膽識、智慧、甚至良好的人際關係。它的那種潛移默化的滲透力，往往能夠獲得欣賞和認同。

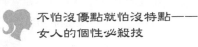

女孩一旦失去個性，就容易患得患失，易喜易悲，女孩需要在個性獨立中不斷成長，把自己的特質與性格展現在生活中，留下一點與眾不同的味道擁抱嶄新的世界，終將使夢想成為現實。

一個女孩只要擁有自己獨特的個性和優良的品格，就一定能為自己的魅力增添無形的美。當女性梳起最新潮的髮式，穿上最時髦的新裝，再加上身材窈窕、巧施脂粉的時候，如果沒有個性魅力，那麼身體也只是徒有外表的軀殼。

女孩們，努力去做星空中那顆閃亮的星吧！儘管也許你不是最耀眼的那一顆，但是只要你努力發放出自己的光明，就一定會有一個人沐浴在你的星光下。

三、犀利也是一種野性美

如今，「犀利」已經成為時下最時髦的一個詞，在網路上，「犀利」甚至成了當紅最熱門的搜索詞。

說起「犀利」，很多人都覺得這樣的女人根本不會有什麼女人味。在大多人的眼中，中國女性的傳統美通常都是溫柔和賢淑的。其實，我們這裏指的「犀利」不是潑辣野蠻、粗俗無禮，而是女人的另一種魅力，一種專屬女人的個性美。

潑辣的女子天性所致，不會扭捏作態，心直口快利於溝通，這一種極具個性的味道，讓她們看起來會更加的迷人。或許她們打破了傳統的道德束縛，但是她們的這股衝勁卻讓她們不管是在生活中還是工作中都能取得一定的優勢，為自己爭取想要的地位。

從表面上看，這樣的女孩挺潑辣，但換個角度看，又何嘗不是自己純真的表現呢？因為純真，所以毫無偽裝，這難道不可愛嗎？

其實，真正懂得女人的男人，反而很多想要找潑辣女子當一生的伴侶。為什麼呢？因為，潑辣不僅僅是女人擁有的一種個性，潑辣的女子還有六大優點：

(1)聰穎無邊，思想敏銳。

潑辣的女性，通常智力比一般的人要高，她能看到很多人看不到的東西，而且她們通常頭腦清醒、感覺敏捷。因此，她們不僅是男人生活中的親密伴侶，而且在工作中也能夠對男人的事業有很大的幫助。

(2)簡潔幹練、有穩有序。

潑辣的女性，在「潑辣」的表現程度上通常都會顯示她們說到做到，拿得起、放得下，有魄力有擔當的性格，讓她們做事有條有理，追尋自己的原則，看不慣的事情馬上就改，而且表現得非常有「狠」勁。

(3)勇往直前，動力十足。

她們對自己的能力確信不疑、非常樂觀，因此，不論在物質生活上還是精神生活方面，總不甘居人後。

(4)豪爽大方，善於交際。

通常她們的性格都十分豪放，不會小家子氣，因此，適應環境的能力頗佳。在朋友圈子中可以說是最會帶動氣氛的那個，在工作中也是最善於交際的。她們不管在哪裡都能獲得別人的喜愛。

(5)「酷」勁十足，敢想敢做。

一個「酷」字當先，直爽的性格使得她們很少會依賴他人。其天性有主見、有膽識，凡事乾脆俐落。所以什麼事情都能夠想到就做，不會拖拖拉拉，沒完沒了。

(6)心直口快，作風正派。

潑辣女子一般都有追求完美的天性、對不盡如人意的事物，往往有啥說啥，快人快語，甚至，常常被人視為惹不起。其實，這正好反映了她們率直無偽的性格。

如今社會上，依舊是柔情似水的女人居多，滿街都是，一抓一大把。看上去毫無特色而言，這樣的女人外表嬌滴滴，骨子裏卻缺乏了一種敢想敢幹的魄力。

做一個行事作風潑辣的女人吧！這樣的女人就像是寒冬中的一枝臘梅，個性迸裂，傲然獨立。雖不及牡丹花嬌豔，卻散發著另一種驚心動魄的魅力。

四、感性中保持個性的女人最美

羅曼．羅蘭曾說過：「有才華的女人可以吸引男人，善良的女人可以鼓勵男人，美麗的女人可以迷惑男人，有心計的女人可以累死男人。而我覺得做個感性又個性的女人才是讓男人陶醉的女人。」

看來，女人缺少了感性不真實，缺少個性則寡而無味。就像海灘上美麗的貝殼，少了外面那波瀾起伏的花紋殼面，就不能算作一個完整的貝殼；可是如果沒有裏面珠圓玉滑的那顆珍珠，就沒有別具一格的「亮點」。

感性又個性的女人，就像一句廣告語：有內涵，有主張。她有靈性，而且「智勇雙全」。她可以無視歲月對容貌的侵蝕，但絕不束手就擒。她可以與魔鬼身材、輕盈體態相差甚遠，但她懂得用智慧的頭腦把自己打扮得精緻而品味高尚。

其實一個完整的女人，僅僅擁有外表的高貴是遠遠不夠的，它更需要堅實的內在因素做後盾，這就是良好的文化修養。同時也要保持一種個性的獨立，有自己的魅力所在。因為，女人只有擁有自己獨立的個性，才能顯示出自己的智慧。

女人的本錢有很多，年輕，漂亮，學歷，能力，但最重要的是你的個性。男性普遍都會喜歡選擇溫柔善良能和自己聊得來很有個性的女人做朋友或戀人。因為她們看上去不僅有教養，而且還能對自己產生一種莫名的吸引。

生活中，女人的感性就如一杯香濃的咖啡，散發著醇香的味道。有時候，她們會流露出一種小女人的姿態，會向著周圍的人撒嬌、會誘惑人、也會用常人的喜怒哀樂去對待生活中的瑣事。但是做起事來她們也不含糊，她們不會去張揚自己的個性，但是從做事和舉手投足間就能發現她們所具備的魅力。

感性又個性的女人內心都放飛著自由的風箏。她們總是願意騰出一定的空間和時間來培養一份屬於自我的自在的感覺。她們懂得把握生活的節奏、工作的分寸，她們很少委屈自己，也因此，她們的身上充滿著幻想和冒險精神，充滿著智慧！

目前社會上都在認同這種美，這樣一個獨具魅力的女人反而更具女人味。溫柔賢淑的女人或許不再是好女人的唯一標準，個性豐富的女人才是感性中的性感，女人中的女人。

女人改變不了男人，不妨改變自己，做個感性又個性的女人，這樣才能更加受人尊重，保持一份健康，學會打扮自己獨特的美麗，讓我們充滿希望，熱情地生活吧……

五、跳出與人比較的怪圈

「為什麼她穿這件衣服比我好看？」「她看起來也不是那麼漂亮嘛」「這件裙子居然她買得比我便宜了一倍」。生活中，許多女人都喜歡事事與別人一爭高低，在這種無趣的比較中，越走越遠，直到最後，只能踏著別人的步子前進，就連自己的影子也開始模糊不清了。

「你」就是「你」，這就是整個事實。如果你盲目地與別人相比，就永遠做不到與眾不同的自己，你永遠只能活在別人的陰影中。

美國洛杉磯加州大學經濟學家伊渥韋奇告訴我們：「即使你已有了主見，但如果有十個朋友看法和你相反，你就很難不動搖。」可見，堅持自己的主見是一項很能考驗意志的事情。

幾乎每個女人都在乎別人對自己的評價，並對此患得患失，以致在和別人的比較中不斷地否定和修改自己。其實，世界上並不存在兩個完全相似的人。也許別人的風格是比你的好，別人的工作能力是比你的強，但是一定要記住，生活是你自己的，你更要聽從自己內心的想法而不是隨波逐流。

歌德曾說：「每個人都應該堅持走為自己開闢的道路，不被流言所嚇倒，不受他人的觀點所牽制。」

雖然我們每個人絕無可能孤立地生活在這個世界上，幾乎所有的知識和資訊都要來自別人的教育和環境的影響，但你必須清楚，在人生的旅途中，你才是自己唯一的司機，你要穩穩地坐在司機的位置上，決定自己何時要停、要倒車、要轉彎、要加速、要？車等等。只有你才能帶自己去想要去的地方，去看自己想要看的風景。

如果你已經作了不公平的比較，那麼，試著用以下的方法來擺平自己傾斜的心靈天平吧：

(1)**準備好紙和筆，把那些讓你自豪的事情記下來。**這樣你才能每天都充滿信心地去工作生活，堅守自己的自信。

(2)**每晚臨睡前十分鐘，將今天自己認為做得好的事情記下來。**特別體會一下當時的好心情。保持一個良好的心態。

(3)**定一些自己經過努力就可以達成的小目標，切忌要求太高、目標太大和急於求成。**完成目標之後要定期獎勵自己。請自己玩一次，給自己買一本嚮往已久的書，請自己大吃一頓等。

一定要做個有主見的女人。無論你是家庭主婦、普通平凡的職業女性、抑或職場裏的優秀女人。在對自己進行真實自我的觸摸後，你都會發現，原來自己並不是比別人差，原來自己根本就不用去比較，自己可以做得比她們更好。

其實，很多時候，適合別人的也未必就是好的，因為那畢竟是別人的東西，不是自己的。你可以練就自己「自成一體」的風格。那麼有一天即使失去所有，你也會用自己的力量重新找到幸福。

生活本來就屬於你自己，而且我們有著其他人不具備的天賦和能力，所以，我們完全沒有必要去羡慕別人，去嫉妒別人。學會為自己的生活喝彩，你會贏得更多的成功，收穫更多的快樂！

六、學會欣賞自己才最重要

女人的美有很多個階段，有幼年時期純真的美，少年時期外在的美，青年時期的氣質美。而當一個女人四十歲以後便擁有了成熟的美。可見，任何一個女人不管任何階段都是美麗的，只要我們懂得欣賞自己。學會欣賞自己，擁有不同時期個性的自己，才能不斷增加自己的魅力。當然，每個時期的女人都會有不同的風格、心智，所以欣賞自己的同時，還要懂得做最獨特的自己！

我們總是欣賞別人，挑剔自己，總是在經歷種種誘惑、種種挫傷之後，把自己修剪成別人喜愛的模樣，而從不給自己一點安慰，一點鼓勵，沒有心思去欣賞自己。

其實，每個女人都是一道亮麗的風景，就像世界上紛繁豔麗的鮮花，雖然雜亂非凡，但是卻獨獨擁有自己的魅力和芬芳。也許不是任何花朵都是有名的品種，但是，每一朵花都是一片獨特的風景。女人也是一樣，也許你漂亮，也許你善良，也許你豪爽，也許你是一名幹練的女強人，但是你有屬於自己的特點。在人群中一站，朋友會很快就根據你的特點、你的氣味找到你。

每個女人都是一個獨立的個體，這是與生俱來就擁有的，也是世上自己唯一的一個真實而美麗的存在。閒暇之餘，我們不妨靜靜地欣賞自己，你便會不經意地發現，其實自己原來也是擁有獨一無二的韻味的。或許我們不像那些明星那樣光彩耀目，但是於最平凡之間，我們也能找出區分自己與他人的那些亮點。

讓我們每個女人都做快樂幸福的女人吧！不必羨慕別人的家庭美滿，也許在你羨慕的同時你也正在被別人羨慕著呢；不必妒忌別人的美麗，照照鏡子，其實我們自己也很漂亮；不必仰慕大明星的美貌財富，也許我們擁有他們享受不到的幸福！

Chapter 13

以「花瓶」為榮的觀念已經「OUT」了

女人的才學必殺技

* 女子無才還真不是德
* 腹有詩書氣自華，不想變醜就多學習吧
* 秀髮可以很長，但是見識也不能短
* 努力「充電」，不在E時代止步
* 做個多才多藝的「萬人迷」
* 學習是女人一輩子的事
* 利用知識提升女人味

一、女子無才還真不是德

中國有句古話叫做：「女子無才便是德。」那是因為在過去封建統治下的女性，備受歧視，並沒有受教育的權利。而如今，當中國以「禮儀之邦」自立於世界民族之林，男女平等共知共學的情況下，應該沒有一個男子會想娶一個什麼都不懂的女性回家吧？

「德」是一個女人的品性，而「才」是一個女人的內涵。而只有當一個女人有了才華，有了知識的豐腴，在為人處世方面才會表現得優雅、大方，體現出「德」的重要。

女性一定要具備獨立完善的人格和才華與能力，靠自己在社會立足，這樣才能讓大家刮目相看。特別是在婚姻中，當你碰見一個有能力的丈夫的時候，你的才能還是他工作中的左膀右臂，不僅僅可以幫助到他，還能讓自己得到更多的寵愛。

如果有人認可「女子無才便是德」，要麼是不勞而獲的寄生蟲，要麼是貪慕虛榮的拜金女，這樣的人「有奶便是娘」，所謂「窈窕淑女，君子好逑」，求的是身材，還是人才呢？其實在歷史上能讓後人記住名字的女人，不都是有膽有識的才女嗎？

只有一個真正有才學能力的女人，才能懂得什麼是德、禮、仁、信、義、勇、智，懂得在怎樣的情況下做個有德才的女人。女人不是只要有漂亮的臉蛋和迷人的身材就可以了。以前的在家從父、出嫁從夫的三從四德，早就已經被現代女性所唾棄。試問，一個什麼都不懂的女人她又怎麼可能知道三從四德的道理。

如果一個女人要想自立，就得有才學，不斷地充實自己。有了獨立的人格、獨立的經濟，才有獨立的不被人左右的人生，那才是幸福的人生。而要想做個才華橫溢的女人，就必須學習，必須讀書！

清代著名女詞人李清照就是一個很好的例子。她的才華雖然在當時看來並沒有受到很大的關注，但是她作出來的詩詞，卻能流芳百世，讓後代人看到了如此獨具才華的女性，和滿腹文才的抱負。而如今，有更多的女性不甘埋沒自己，用智慧的頭腦去做出一番成就。不光是在中國，在世界上出現了很多的女權政治家，她們有和男人一樣的智慧，有和男人一樣的手腕維護著國家和世界的和平。

女人的端莊賢慧、知書達禮、溫文而雅，是靠學習知識提升自己各方面的修養而來的。所以，那些還做著「女子無才便是德」的美夢的女人們，該醒醒了，當能自尊、自強、自愛的去活出自我，才能活出精彩。

二、腹有詩書氣自華，不想變醜就多學習吧

世界是五彩繽紛的，但如果沒有女人，將失掉七分色彩；女人是美麗的，但如果遠離知識，也將失掉七分內涵。有書香氣息的女人，是有內涵的女人。她們活得從容、舒心而富足，臉上寫滿了自信。從她們身上也能夠散發出那種「清水出芙蓉，天然去雕飾」的自然美。

書本可以讓女人的靈魂保鮮，而且讓女人更具魅力。豐富的知識能完善充實女人的內心世界，使氣質不斷得到提升，所以讀書是使女人變得更美麗的一大秘方。

美國前總統羅斯福的夫人曾說：「我們必須讓我們的年輕人養成讀書的好習慣，這種習慣是一種寶物，這種寶物值得雙手捧著，看著它，別把它丟掉。」可見，讀書的魅力有多大。當我們選擇讀書的時候，第一位當然是自己感興趣的，沒有興趣的書就猶如在嘴裏嚼乾糧，無味難以下嚥。但問題是，有些書如果你不嘗試著去讀，根本不知道自己是否有興趣，所以我們一定不能錯過有「味道」的書本。

女人應該明白，只有知識，才是女人價值升值、魅力提升的保證。當有一天，書讓你變得更美麗、讓你變得更好命的時候，你就會明白「書讀萬卷，其義自見」的道理了！

三、秀髮可以很長，但是見識也不能短

女人有一頭烏黑飄逸的長髮，會表現得很美很清純。但是空有一頭靚麗的秀髮，一

張精緻的面容，而大腦裏面空空如也，不免會被人說成是「繡花枕頭」。

如今，時代在變化，女性在社會上也有了一定的影響力。那些空有外表的女人，只能被人稱之為「花瓶」。女人要想展現自己的魅力，不光是自己的外在美，還要充實自己的內在。頭髮可以花樣百般，但是知識同樣在心中也能幻化百倍。

或許很多的女孩子把大把的時間都用在了穿衣打扮化妝上面，而很少用到一本書上。也許外表的修飾的確能給人第一眼就留下很好的印象。但是在與別人的對談中，她的無知就赤裸裸地暴露出來，讓別人大跌眼鏡。

知識是「裝」不出來的，它是一個人內心世界的體現。它就在人的腦海中，讓你的精神世界豐富無邊。所以在與人交談時，你的廣闊無際的知識，不僅能博得對方的好感，還讓對方認為你是一個有家教、有涵養的女性。這樣的女性，才能受到別人的尊重和愛戴。因此，即便你再漂亮，也要學會用知識武裝自己。或許再美麗的容顏終會老去，即便還沒逝去，但天天看也會失去新意變得了無生趣。只有你的內涵像一本內容豐富的書時，才會讓人百讀不厭，開券有益。

書本能讓你的吸引力保持長久，不受時間、空間的限制。它能幫助你開啟人生的智慧，能讓你如醍醐灌頂般走完美滿的人生旅程。如果你堅持去充實自己，多看多讀多寫，那麼日子一久，這些書本也會讓人變得愛不釋手。如果你是一個正處在婚姻中的女人，學識更為重要。你可以從書本中學到讓你更加具有女人魅力的東西，幫助你看到婚姻中很多困擾你的問題。一個知性美的女人，會更加博得丈夫的喜愛，因為他看到了一個善解人意的女人，而你的愛情和家庭也會長久的幸福美滿，曆久彌新。

學做一個無懈可擊的魅力女性吧！用你的內涵修養和博學多才來體現你的外表，讓你的心靈和外表一起美麗起來吧。

四、努力「充電」，不在E時代止步

在科技競爭迅猛發展的今天，女人們不僅要用知識來滋養心靈和氣質，更要學會用知識來提升自己的競爭力。只有不斷學習進取的女人，才能變得更加智慧和聰明，也才能在競爭中脫穎而出。

精明的女人懂得，如果不想讓自己在這個激烈競爭的社會中變得越來越懵懂無知，失去自身的魅力，唯一能支撐自己走下去的，就是不斷地去學習「充電」，完善自己。

女人「充電」不是手中的化妝盒，不是流行色，不是因為時尚就要追。與過去不同，女人「充電」不再是一種華而不實的表面裝飾，它首先非常「實用」，所以，在你「充電」之前，應先找對方向。

以下是專家的幾點經驗：

(1)隨時自我反省，從發現中更新。

當今社會知識更新速度太快了，而職場生涯本身就是一個不斷深造、不斷積累、不斷提升的過程。如果不學習，不接受新事物，不用新知識、新技術武裝自己，最先淘汰掉的可能就是你。

(2)自己能力有點不勝任時。

如果在工作中，你覺得已經有點吃力，並且感覺壓力倍增的時候，就應該選擇一個與自己所從事的職業相關的專業，趕緊補強進修，提升自己的價值，增強競爭力。

(3)如果你的工作前景發展慢，徘徊不前。

專家表示，理性的職場中人都會對自己的事業發展前景進行仔細、認真的規劃。當他們看到自己在職業發展的過程中，處在一種穩定、徘徊、無法進步的時候，他們會提前為自己打算。選擇的方式往往是「充電」，以便使自己職業選擇的道路更寬

(4)缺乏安全感，有點退縮心理時。

不管是已經身為高級主管的高端人才，還是最底層的小職員，都會害怕自己有下臺的一天。如果你最近老是感覺工作心態不順利，或者感覺老闆好像不大重視你了，自己有了一定的危機意識，就要趕緊抓住時機「充電」，因為這是必要的選擇。

女人如果想要永保魅力，就要「活到老學到老」。換句時髦的話說，就是要終生學習——讓自己每天聰慧一點點。

當然，充電只是為了提高自己的職業技能，增強自己在職場上的競爭力。如果你一旦開始學會用更多更新更廣的知識來武裝自己的大腦和心靈時，你會漸漸地發現，職場之路不僅會走得順利，你的命運也會越來越好！

五、做個多才多藝的「萬人迷」

「萬人迷」誰不想做？一個女人單靠美麗的外表雖然能夠迷倒別人一時，但是卻不能抓住別人的眼球一世。而一個女人若能寫得一手好字，彈得一手好琴，有屬於自己的一項才藝，鐵定會讓人眼前一亮，倍增好感。

在古代，「琴棋書畫」樣樣精通是一個女人所應必備的基本才藝，現今的女人雖然用不著精通各種技藝，但是若能具有一兩樣才藝，那麼她一定是魅力無窮的。有才情的女人，即便是相貌平平，也能讓人感覺到超凡脫俗、靈秀俊美。

其實，要想成為一個多才多藝的女人，不僅僅需要先天的條件，更加需要後天的培養和訓練，才能在不同的領域和時刻，展示自己的卓越風姿。那麼，究竟應該怎樣才能成為一個多才多藝的女人呢？

首先，鍾愛它，並且培養自己的興趣。如果你本身就是一個熱愛藝術、滿腔熱情的女人，那麼不管你處於何種年齡，你都會去關注這些自己喜歡的東西。我們常說一個事情成功的起點就需要你的熱情，所以，才藝永遠不以年齡為界限。不要浪費了大好的青春歲月只是在化妝修飾自己的面容上，我們的生活不僅僅是飲食和服飾的搭配，在這個美好的歲月中，女人可以有很多的東西去學習。

其次，做一個有「深度」的女人，擁有自己的思想。才學可以培養一個女人的思想深度，讓她們看起來更有獨特的魅力。而努力地去學習才藝，也不是為了單純吸引男性的眼球，主要的是從思想上認識到才藝對自己、對愛情、對工作的重要意義。

再次，及時地並且腳踏實地的去學習。女人對於才藝的培養和學習，必須有足夠的精力和能力，有持之以恆的精神。學一種東西，並不是用它來豐富物質，亦不是滿足虛榮的需求，而是用才藝來完善我們的生活，提升生活的品質，讓生活的細節更精彩。

最後，要熱愛生活，具有樂觀向上的精神和持之以恆的態度。不管學習什麼，哪怕是插花、烹飪，都需要女人擁有不斷向上的精神，想學習什麼就要把它堅持下來，並且以飽滿的熱情去對待它，才能最終達到目的。

一個女人如果不熱愛生活，她就不會學習才藝，即使學習了，也是沒有意義的。「壞」女人對生活充滿著不懈的熱情，更想完善自己的生活狀態，提升自己的生活品味。因為熱愛生活，所以竭盡可能讓生活完美。

六、學習是女人一輩子的事

時代在變遷，知識也永遠在更新，人也處在永無止境的學習中。女人想要做到「餘香晚留」，就要懂得，任何時候學習都要擺在第一位，它能讓你不論在任何境地都能保持一個最新的狀態，與時俱進，有一顆不老的心。

一個知識廣博的女人，肯定不是一個無聊的女人。或許，在女人的一生中，有許多東西是最寶貴的，比如健康、美貌和愛情等。但這些東西都是你不能完全把握的，它們會受外部環境的影響，也會被歲月侵蝕。唯有知識才能像陽光、空氣一樣自然而永恆。

能讓自己真是握在手心的、唯一能改變你命運的，就只有學習。歷史上有很多著名的人物，他們的成就不是空談空想就來的，而是靠著自己不斷的摸索、不斷的學習才取得如今的成就的。知識是一個無底洞，而我們就應該學做那個探路人。

學做一個精緻的女人，讓學習來填補自己的空虛，讓學習來填補自己的心靈，那樣才能顯現出一個女人持久彌新的美麗。

七、利用知識提升女人味

一個善於用知識去實現夢想與事業的女人，比那些依賴丈夫生活的女人更有女人味。因為女人不應該僅僅是屬於家庭，她首先要屬於自己，然後才是家庭，這樣的女人才是真正的智慧，擁有真正的自己。

其實，擁有知識的女性，通常都是比較智慧的女性，她們懂得如何用書中所學的東西，從不同的程度和管道來提升自己，讓自己看上去更加尊貴、優雅。

其實每個女人生下來，就好像是一塊普通的石頭，而知識就是打磨它的那把小刀，能從內心一點點地雕琢它、塑造它，直到它成為一塊形狀多端的「璞玉」，最後讓它釋放出所有的光彩。女人只有通過學習知識，才能使自己周身都能散發出一種神奇的女人味，從茫茫人海中脫穎而出。

想做一個有女人味的女性了嗎，那麼就快充實你的知識吧，用智慧來雕刻你的模樣，用知識來打造你的修養。女人味是無論如何都裝不出來的，真實的女人才具備擁有靈氣的女人味。

知識是照亮女人靈氣的一盞探路燈，更是吸引周圍人一步一步走過來的指揮棒。好女人要時刻懂得運用自己的知識，隨時隨地地去展現女人的風采和魅力吧！

Chapter 14

女人長得漂亮不如活得漂亮

女人的心態必殺技

* 長得漂亮是優勢，活得漂亮是本事
* 比那些名牌時裝，更加美麗的是你自己
* 精神空虛也不用食物填充
* 無論多忙，都要給自己留一份閒情逸致
* 掃地的時候掃地，睡覺的時候睡覺
* 每個女孩都會擁有幸福，這種幸福就是現在
* 別把「我老了」掛在嘴邊

一、長得漂亮是優勢，活得漂亮是本事

不可否認，那些有著閉月羞花之貌的女人，看上去就像一幅美麗的風景，不管在哪裡都會給人一種如沐春風的感覺，一出現就能在相貌上佔有一定的優勢。但是如果你長相不夠完美，也不必以一副「怨女」的姿態顯世，甚至連帶著把自己的生活都弄得一團糟。

人生其實是一個不斷昇華的過程，而生活是女人最慣有的常態，是實實在在的。即便是你不夠漂亮，但是能夠把自己的生活打理得頭頭是道，也會讓你在無形之中發出自己耀眼的光彩。人生無常態，女人活得漂亮，才能體現自己最精彩的一面，時時刻刻臉上都有動人的微笑，走到哪裡都會給人留下一片陽光的燦爛。這樣的女人，又有誰不愛呢？

活得漂亮的女人就像是一本好書，她不會任人翻閱，而是耐人尋味。她能幫助你，也讓你認同這種精彩的活法，洋洋灑灑地活出自己獨特的風味！這種本事不是矯揉造作粉飾而成，而是一個女人至真至性的精彩氣質。無論什麼時候，淵博的知識、良好的修養、文明的舉止、優雅的談吐、博大的胸懷，以及一顆充滿愛的心靈，一定可以讓一個人活得足夠漂亮。哪怕你本身長得並不漂亮，活得漂亮，也能活出一種精彩。千萬不要自暴自棄，生活的道路是你一個人走下去的，沒有人會去阻擋你的腳步。

學著讓自己活得高雅一點、自信一點。女人，活得漂亮才是真正的本事，才會芬芳四溢。只要心態端正，你的臉上也會露出天使般純淨的笑容！

二、比起那些名牌時裝，更加美麗的是你自己

許多女人，為了打扮自己，常常會讓自己盲目地陷入對那些名牌時裝的執著中。每

每在挑選衣服時，總會讓自己在衣櫥中那些不菲的名牌奢侈品中徘徊很久，花盡心思，時時刻刻都希望自己是最美麗的那一個。

歌德曾經說過：「外表美只能取悅一時，內心美方能歷久彌新。」聰明的女人不會讓那些外在的亮麗遮掩住自身內在的魅力。因為，最美的自己永遠是由內而發的，除去那些皮草皮革，你擁有的是一顆更加豐富的心。

不要忽略了自己本身的美麗，記住，那些昂貴的名牌服飾、嬌媚的口紅、動人心弦的首飾僅僅是一個女人審美品味和生活品質的體現，它雖然能使你更好地展現自己獨特的魅力、高雅的氣質，也能輔助你遮掩身材的不足，襯托出你的曼妙多姿，但是一不小心就會讓它控制你的心理，遮掩住你本身的自信和魅力。也不要讓那些名牌時裝佔據了你的內心，單單靠外表來取悅他人、展示自己是極其欠缺的，最美的是你自己。不要讓它的光芒蓋過了你本身的色彩，不要忘記，你才是舞臺上真正的主角！

所以女孩子不要因為你服飾的出眾和美麗，從而輕視了自身的魅力。內在的美麗，看似無形，實為有形。你的美麗源於你舉止談吐、一投足一舉手之間，含蓄、深沉、溫柔、善良，給人一種親切、安慰、怡人的愉悅和韻味，這是令人無法忽視的美。

當然，你還要擁有一顆自信的心，要相信自己是最美麗的！不要敗在那些名牌服飾下，讓它們主導了你的內心。用你心中的自信提升自身的高度，讓自己襯托出自己的美麗，要相信，華麗的服飾只是你自身的點綴，你的美麗是渾然天成的。

撇開那些表面的光鮮，時刻展露出自己發自內心動人的微笑，你才會對生活更充滿激情，讓生命變得光彩照人！

三、精神空虛也不用食物填充

現實生活中是不是有這樣一類女孩子，她們一旦精神上受到刺激或者養成懶惰的習慣，就喜歡把自己鎖在家做「宅女」。這個時候的她們無事可做，就會拿食物來填補自己空缺掉的感情世界，以此來慰藉自己空虛的心靈。

女孩子們要知道，食物或許能填補你們的胃，讓你們的身體得到滿足。但是當你已經大腹便便，回過頭來，是不是依舊感覺到精神頹廢呢？更甚者，不僅會鬧出胃病，還讓各種繼發性的肥胖病接踵而來，非但心靈的創傷和空虛沒治好，還讓身體留下一身病，這樣不就得不償失了嗎？

生活中，我們可能會接受來自各方各面的壓力。如果你對此不採取有效的解決措施，而是一味拖延，聽之任之，抱著不解決的態度，甚至以錯誤的方式來解決，那麼，逐漸積累的空虛和壓力感很可能會導致你身體和精神而崩潰。

其實，很多時候，空虛和寂寞就是人生旅途中兩個甩不掉的壞傢伙，它們時而會偷偷侵襲我們，那麼，女孩子們怎麼來避免讓空虛來侵佔我們的心靈呢？

第一，端正自己的心態，多嘗試自我解壓。常言道：有事沒事多多益笑，偶爾做些自己喜歡的事情。比如，你可以在一個人時候品一杯清茶，讀一本好書；或者聽聽音樂，享受一下大自然，給自己的心靈做個SPA。

第二，合理的安排生活方式，讓自己的身心得到滿足。讓自己的生活充實起來，你可以有很多可做的事情。

第三，有一個好的生活次序和作息時間。有了一個合理的作息時間，才能保證每天工作精神百倍，不會去胡亂想些什麼。好的飲食規律，可以幫助你告別「胖妹」的代言詞，而且還能幫你塑造身材。

第四，遇到不順心或者鬱悶的事情，不要一個人獨自承擔。偶爾可以找你身邊的朋友或者家人傾訴，這樣的效果是無可厚非的。朋友和家人能夠教會你用另一種眼光看待事情，而且過來人的經驗肯定比你強很多，一旦這些問題解決了，心情也會好起來，而且經常和朋友聚聚，還能拉近彼此之間的關係。

女孩子們，學會告別自己的壞心情吧！給自己合理地安排生活，就會讓自己過得越來越舒心，既然心裏都是滿足和愛了，那還有什麼會讓自己空虛的呢？

四、無論多忙，都要給自己留一份閒情逸致

常聽人們說：再煩，也別忘記微笑；再急，也要注意語氣；再苦，也一定要堅持；

再累，也要呵護身體；再忙，也別忘記享受生活。

女人常常以為享受都是奢侈的，是那些闊太太才有資格擁有的，她們家裏雇著佣人，也不需要為生計整日奔波。而如我們這般平凡女子，哪裡有時間去享受生活呢？其實，每天早上當我們睜開眼睛時，都應告訴自己這是特別的一天，因為每一天、每一分鐘都是那麼可貴。有人說：你該盡情地跳舞，就像沒有人在看你一樣；盡情地去愛，就像從未受過傷害一樣！享受生活，可以在任何時候，任何地點去完成。

用心去感受生活吧，忙碌一天之後問問自己的心，真正需要的東西得到滿足了嗎？自己現在這樣生活真的快樂嗎？如果答案是肯定的，那恭喜你！你正在享受生活。如果答案是否定的，那麼請你重新審視一下你自己以及你的生活，重新去規劃它們，潤色它們吧。

其實生活不是我們想像中的只是充滿艱難、是無盡的拼搏，生活對於我們來說，可以是自然、是愛、是藝術。不是有個詞語叫「藝術人生」嗎，我們何不留下一顆平靜的心來好好的享受呢？

現在生活的節奏越來越快，特別是都市女性的生活，不僅要照顧自己的工作，還要充當更多的角色。忙碌總是在生活中佔據很高的比率。但是，親愛的女性朋友們，無論多忙，多累，都別忘給自己疲憊不堪的精神放個假，歇一歇，即便是五分鐘，也可以有五分鐘的享受時刻。看看寬闊的天空，聞聞身邊的花香，你會感覺到生活中的幸福與美好。

所以，給自己的心留出一份空白吧，用一顆詩人的心去對待生活，那麼，即便你不是什麼閒情逸致的人，也會感覺到生活的輕鬆與妙趣！

五、掃地的時候掃地，睡覺的時候睡覺

一個學禪的弟子問他的老師：「師父，什麼是禪？」師父回答道：「掃地的時候掃地，吃飯的時候吃飯，睡覺的時候睡覺。」弟子說：「師父，這太簡單了。」「沒錯。」師父說，「可是很少有人做得到。」

現實中，人性欲望有很多，很容易讓我們陷入盲目追逐的境地，而且這些盲目的追逐很容易浪費我們美好的青春時光。比如，有些漂亮的年輕女孩阻擋不住金錢的誘惑，或者生活上的虛榮，去做一些有錢人的小三，最後人去樓空，只剩下無盡的哀怨。

事實上，享受做事的樂趣是女人打開幸福之門的金鑰匙。當你善於從生活的細節中尋找幸福時，也許你就會卸去心靈的羈絆，自由而灑脫地對待生活。例如，吃飯時，你會盡情去享受「俏饌」之美；睡覺時，你會忘記憂愁和煩惱，睡得安穩，睡得香甜，在清晨的陽光中微笑醒來。

也許，你很忙碌，你的時間被排得滿滿的，但是你並不會因為這些忙碌而感到自己的充實，因為你的心根本沒有在這些事情上面。你也不會因此而感覺到踏實，因為它們讓你疲乏，讓你失去了自己。為什麼不靜下心來想一想，到底是什麼讓自己變成了這樣只顧奔波的追求者呢？

聰明的女人不甘心成為生活的犧牲品，她們努力擠出一部分生命給自己，但決不意味著她們不承擔責任，不履行義務，她們只是懂得人還應該為自己而活。享受自己喜歡的事情，帶著微笑開始，帶著微笑結束，身處其中，從不覺得厭倦；再艱苦危險，依然滿懷期待；明知不能從中得到收益，還依然願意繼續。

做自己喜歡的事情，並且確定什麼時候該做什麼，合理安排時間，這樣你才能感覺到生活的幸福。因為只有當你去喜歡，並且按部就班的完成，你才能散發出無窮的活力還有深深的滿足感。享受生活帶給我們的每一天和每一刻，並且做好自己分內的事情，我們就會找到人生的最高價值，這個時候，我們能不感覺幸福嗎？

女人需要明白的是，生活是需要用心來感受的，時間也是自己去支配的，很多的簡單和快樂就在自己的身邊。在往前走的時候，即使遇見了疼痛，也要學會利用它們讓自己更堅強。然後，做到心無雜念，該吃飯時吃飯，該睡覺時睡覺。

六、每個女孩都會擁有幸福，這種幸福就是現在

我們每天都在朝朝暮暮中平凡地生活著，老天給予了我們生命的恩賜，所以我們為

了活得燦爛而四處奔波，往往會忽略掉身邊的一些人或事，總以為還年輕有的是時間，習慣凡事等到明天再說，可我們又想過明天的我們會怎麼樣呢？

佛家有句智慧語言這樣說道：「昨天永遠是昨天，而明天永遠沒有到來。」所以，這樣看來，我們只有今天才是最實在的，因為目前和現在，才是最真實的自己。

有人把人生歸結為三天：昨天、今天、明天。活在昨天的人總是很迷惑，而且對待生活不知所措，活在明天的人總是讓自己在無限等待，望眼欲穿中也看不到現實如何。而只有活在今天，才能找到最真實的存在。

薄伽丘曾經說過：「沒有來世，幸福就在人間！」也許我們似乎總是活在「如果」的世界中，總是會說很多委婉「假設」的話語，但是真正活在當下就意味著不要棲身於過去，更不要去擔憂所謂的未來會怎樣。假如我們總是在過去和將來之間無限徘徊，那麼只會扼殺掉很多現有生活的可能性。

所以，女性朋友們，一定要學會放棄那些虛幻的夢想，放棄那些昨日的歡笑和憂傷，用心對待今天，整裝待發，精神飽滿地對待自己的生活，才能用最真的心去愛你身邊的每一個人。

學做一個聰明的女人，找一個值得自己愛的人好好去痛快地愛一場，珍惜眼前的人，珍惜把握住現在的幸福，讓現在的幸福能夠超越未來……要相信，今天的幸福就是明天的好心情，那樣，幸福才會接踵而來。

七、別把「我老了」掛在嘴邊

天下女人最怕什麼？怕容顏變老，怕身材走形，怕美麗不在，青春不在。如果真的有許願精靈讓我們許下願望，想必百分之九十的女人都會祈求自己年輕美麗到永遠。

其實，我們都知道，沒有女人能夠逃過歲月的魔爪。所有的女人都將會被這隻手掠走青春和美貌。尤其是人到中年，就算你竭盡全力要留住青春的腳步，卻還是偶然會發現眼角細小的魚尾紋。與其在那悲傷失落，自怨自艾，加速衰老，不如行動起來，因為女人的有些美麗，可以與年齡無關，比如優雅，比如智慧，等等。

所以，當你還在把「我老了」掛在嘴邊的時候，請止住你的悲觀哀怨吧，不如把你心裏對年齡的恐慌化作追求美麗的行動，我們依然可以讓歲月保留住自己的那份「新鮮」。

一位美容專家曾經說過：「二十歲的容貌是上帝賜給的禮物，二十歲以後的容貌是生命成長的縮影，更是自身精心經營的結果。」女人的外貌和心靈都是可以經營的，既然我們都不能逃脫歲月的大手，那麼就讓我們豁達地對待自己的年齡，而且這也是保持年輕和魅力的一個秘密。

因此，女孩子們千萬別說「我老了」，換個詞語，要學會對自己永遠說「我還年輕，我是最漂亮的」，這樣，即使你到了遲暮之年，你依舊有一顆不老之心。

Chapter 15

打造自己的黃金人脈圈

女人的人脈必殺技

- 有人脈，成功就像坐電梯；
  沒人脈，成功就像爬樓梯
- 運用女人的天生優勢去處理人際關係
- 學會維護和利用你的人際關係網
- 關係網中不可有的幾種人
- 快速與人搭上關係的三大技巧
- 影響女人人際關係的九種行為
- 打造絕佳人脈的交際網

一、有人脈，成功就像坐電梯；沒人脈，成功就像爬樓梯

網路上流行過一句經典的話：「有人脈，成功就像坐電梯；沒人脈，成功就像爬樓梯。」一語道破了許多人心照不宣的成功潛規則。女人在成功的路途中打拼時，利用手中的人脈，能夠讓你少走很多彎路，以最簡短安全的路程到達彼岸。

古時候有句話叫「天時不如地利，地利不如人和」，可見，一個女人可以一無所有，但一定要有良好的人脈，人脈是女人無形的資產，是女人手中握有的最寶貴的財富。

有很多富人認識到人脈等同於財富的這一點，所以他們更加的富有。他們懂得把握手中這支「潛力股」，讓他們為自己贏得更多的「利潤」。而一般人之所以日子久不見起色，很多時候就是沒有認知到這一點，也許等你費盡心思，辛辛苦苦爬上頂峰的時

候，你看到的是別人早已到達的喜悅。

好萊塢流行過一句話：「一個人能否成功，不在於你知道什麼，而是在於你認識誰。」人脈的重要性就顯而易見了，想要獲得成功的女孩們，人脈就是你通往成功的門票。

看看這份研究結果你就知道人脈的重要性了，史丹福研究中心曾經發表一份調查報告，結論指出：一個人賺的錢，百分之十二點五來自知識，百分之八十七點五來自關係。

你是否有過這樣的感覺，「如果我有足夠多的關係，一定可以更加順利地完成這件工作！」「如果和那位關鍵人物能夠牽扯上任何關係，做起事來就方便多了！」生活中，人脈變得越來越重要，你需要有意識地去開發人脈，這樣對你未來的發展將起到事半功倍的作用。

只有多交朋友，廣交朋友，你的路才會越走越順，一個女孩可以一無所有，但一定要有良好的人脈，人脈是女孩無形的資產，它可以讓女孩從貧窮到富有。所以，人脈的力量，你絕對不可小視。

二、運用女人的天生優勢去處理人際關係

你可能不會相信，女孩在拓展人脈時，其實比男性更具優勢。因為一般說來，女性比男性更有親和力。所以女孩千萬不要把自己局限在一個圈子裏，主動發揮你的「女色」優勢吧！這樣你的人脈圈才會越來越大。

古語道「以柔克剛」，女孩天生的溫柔氣質，在與對方第一次交往碰面時，就可能會給對方留下一個深刻的印象。因為沒有哪個人會不喜歡彬彬有禮、備具淑女風範的女孩。柴契爾夫人曾經說過：「女孩一生所犯最大錯誤，是忘記了自己是『女人』。而作為一個女人不能將溫柔進行到底，便是一種失敗。」

有親和力、容易被人接受，「女色」的優勢就在於此。也許你長相普通，沒有給人留下深刻的第一印象，但是，這並不妨礙你去擴展你的人際圈子。你的溫柔、幽默、樂

觀、自信同樣也能為你吸引來更多人的賞識。

有很多時候，不是女性不願意擴大自己的圈子，而是處於一種女性的本能——「膽怯」，因此，錯過了很多的機會。很多女孩交朋友容易挑三揀四，總是喜歡和脾氣性格與自己相投的人交往，其實這樣做會讓你的交際圈縮小。道理是顯而易見的，如果你總是依據個人好惡交友，難免會遇到你不喜歡、不想接近的人。然而，一旦這種你「看不上眼」的人過多，勢必將造成社交上的阻礙。尤其是剛踏入社會不久的年輕女孩，這樣做無疑縮小交友範圍，對你今後的發展是十分不利的。

年輕的時候必須要做好的一件事，就是擴大自己的交際圈。如果你希望擁有幸福美好成功的人生，就必須掌握開啟的鑰匙——朋友。而增加「不想接近者」，便是自己將自己幸福的鑰匙減少。

只有跟不同的人接觸，你才能發現這個世界是如此之大，還有很多自己無法理解的東西需要自己去學習，因為每個人的身上都會有不同的特色。即便對方很難接近，也要學會用女性的優勢去打動對方。千萬不可因自己的不成熟，而放棄結交好友的機會。

三、學會維護和利用你的人際關係網

如果你已經厭倦了瘋狂打拼之後單調的下班時分，如果你還想找點樂趣來度過無聊的週末，那麼，姐妹們，好好地去利用你的人際關係網吧。因為充實的業餘生活，都離不開我們周邊那些朋友們。當然，你還必須懂得「養兵千日，用兵一時」的道理。

女孩子們應該懂得，人際交往不僅僅意味著成功的機會，更代表著更加豐盈的人生。所以如果你想離成功越近，你想身邊充滿歡樂，那麼，就必須學會維護和利用你的人際關係。

第一，熟絡朋友，就要多多走動。朋友之間一定要經常走動，這才是讓你們的友誼保持新鮮活力的一個重要方式。不能因為彼此已經成了老朋友而不再去經營，否則再好的朋友也會因為長期不交往而變得陌生。朋友需要我們用心去尋找、去經營，當你付出了真心的愛與關懷的時候，相信對方也會以同樣的友好的態度來對待你，當你遇到難辦的事情，不用你開口，她都會主動來幫你。

第二，多加入一些群體遊戲或者聚會。女孩子們的聚會其實是豐富多彩的，還可以認識許多的新朋友。透過這些人，你可以接觸到更加寬闊的圈子。所以多多加入到群體之中吧，那樣你的生活會更加的豐富多彩。

第三，主動出擊，讓你的魅力給你帶來更多「財富」。現實生活中，有很多女性羞於運用她們的交際能力或是根本不願展示自己的魅力。然而不合時宜的謙虛以及過分良好的家教都會成為成功之路的阻礙。要知道，我們處於社會這個圈子裏面，就不可能不和人打交道，而這些交道可能成為我們日後攀爬的直梯。該出手時就出手，是每個女孩子都應該明白的道理。只有這樣，你才能為自己手中積攢更多的人脈關係。

第四，互惠互利，「惠」字永遠當頭。出入社會後，人們之間的友誼會變得很複雜，很多人們交朋友也是有目的的。不管是不是為純粹友誼或為事業需要，你都不能只索要自己需要的東西，而不顧朋友的利益，因為人只有付出才有收穫。自私的人是不會擁有真正的朋友的。

第五，有福同「享」，才能有難同「當」。這個時候，女孩子的小心眼可就得拿掉了，朋友關係的維護最忌諱的就是對方的小心眼。有了好處，就應該學會跟更多的人分享。因為分享無疑是一種最好的建立人脈網的方式，你跟他人分享得越多，你得到的就越多。當你懂得跟自己的朋友分享利益，一方面你的朋友會感謝你，另一方面，她會感覺出你的真誠，並願意跟你做持久的朋友。這樣無疑是博得了對方的信任，而且有了最堅固的人脈基礎。

四、關係網中不可有的幾種人

生活中，我們時常會看見一些被自己信賴的人所背叛。這些人原本可能是身邊最忠心、最可靠的「朋友」。可是殊不知他們平常看起來見面三分親，私底下卻是一個無比醜陋的小人。這些人總是用虛偽的外表來博取他人的信任，到了真正需要他們幫助的時候，他不僅以各種理由拒絕你，還可能在暗地踹你一腳。

女性朋友們在處理自己的關係網時，究竟該排除掉哪類對自己有「危險」的人呢？

(1)交情不深，卻話題過多的人。

有一種人，她們對人特別熱心，而且和你剛見面，就劈裏啪啦地就向你問這問那的，而且只是通過與你接觸，她就已經拉近了你們之間的距離。也許當她向你一古腦兒地傾訴自己的苦衷和委屈的時候，你就已經降低了防範，以交換的心態把自己心中所想的也都告訴了她。其實這類人乍看起來很令人感動，不過，她很可能也像對待你一樣隨便地就向其他人傾訴，你在她心中其實並沒有什麼特別的分量。可能她還會把你的故事「傳承下去」，她可不會在乎這只是你們兩個人的「秘密」。

(2)喜歡搬弄是非，「大嘴巴」的人。

俗話說得好：「說人是非者，必為是非人。」尤其是身處職場的女性，時常可能會見到一些喜歡說三道四的人。她們可能會不經意間向你抱怨這個同事和那個同事有什麼不好的地方，而且還有可能對你和她人之間的友誼進行挑撥。如果你中了她的招，和別人發生衝突時，這個時候，她可能會蹺起二郎腿，採取一副事不關己高高掛起的態度。

也許，她會套出你的話，然後再添油加醋地把你對別人的評價說給其他人聽，那樣讓其他人也對你產生不可信任的態度，還會對你反感，可能還會對你的生活或者工作帶來很多不必要的麻煩。

(3)唯恐天下不亂者。

有些人總是喜歡坐看別人的失敗，這樣一來，彷彿自己就得到了多少好處似的。而且他們還總愛傳播甚至編造小道消息，故意製造緊張氣氛，搞得人心惶惶、雞犬不寧。假如遇到這種人對你說這類空穴來風的話，千萬要提高警惕，不可相信。當然也沒必要當即就給她潑冷水，表現出你聽到了她的「演講」就好了。

(4)愛占小便宜而且唯利是圖的人。

如果你喜歡和愛占小便宜的人相處，以為這樣你也能撈點好處，那就大錯特錯了。

搞不好有一天，她也會在你身上動這種念頭。

(5)被身邊的人列為「炸彈」者。

許多心腸軟的女孩，經常會被一些人可憐兮兮的樣子所感動。如果這些人早已被旁人列為「黑名單」，你和她成為了朋友，那麼其他人可能就會把你跟她歸結為一類。當你有一天覺得大家的認可的確是有道理的時候，大家也不會再去接受你。古人說「近朱者赤，近墨者黑」不是沒有道理的，只有好的人脈網，才能幫你打造一個順利的仕途。

五、快速與人搭上關係的三大技巧

女孩想獲得良好的人脈，交到更多的朋友，首先要做的就是學會與人搭關係，這樣才能招攬更多的好人緣。

當然，如何與人搭「關係」也是一門學問。太過熱情，會讓人產生懷疑和誤解；如果不夠大膽，就只能看著好好的人脈在身邊溜走。因此，當你想挖掘關係的時候，不妨參考以下三大技巧，這樣能幫你快速的與人溝通：

(1)有的時候不可太過「聰明」，「傻」一點也是一種智慧。

女孩子在與人交往的時候，一定要切忌說話的方式和內容。某些彰顯智慧的做法，只會讓對方下不了臺的同時，還誤解為你很自大。也許你本意只是想與對方進行交談，但是卻沒想到會弄巧成拙。有的時候，故意顯露自己的「笨拙」，讓對方產生適度的優越感，反而會帶來意想不到的效果。

(2)點對話題，才能拉近距離。

求人辦事，要懂得「拋磚引玉」的道理。不要開門就大談工作，這樣只會讓人反感。不如暫時先放下主題，聊一聊「家常」，說點彼此都感興趣的話題，或者談談自己日常的一些瑣事。甘迺迪曾經在角逐總統席位的緊張競選演說中，輕描淡寫地說：「緊接著，我還想告訴各位一句話，我和我的妻子雖然贏得競爭總統席位的選戰，可是我們希望能再生個孩子。」多談點大家都能達到共鳴的事情，就很容易博得對方的注意。

(3)切忌一個人誇誇其談，學會做一個好的聽眾。

一個時時運用耳朵的人遠比一個只用嘴巴的人更討人喜歡。在跟人溝通時，要是光顧自己絮絮叨叨、說個不停，絲毫不顧及對方的感受，不僅是一件很失禮的行為，也會讓人覺得你是一個喜歡亂說亂評論的人。

有人曾說過：「耳聽八方，能使我們跟上時代前進的步伐；廣納群言，能使我們保持清醒的頭腦；謙虛謹慎，能使我們增長知識與才幹。而學會傾聽，則是我們實現上述目標應練好的基本功之一。」因此學會做一名好的聽眾要比天花亂墜的吹噓好得多。

傾聽不僅僅是對對方的尊重，還會讓對方覺得你是一個懂得禮貌的人。要注意適時地微笑，點頭贊同，這樣能夠避免給人敷衍了事的感覺。

學會了以上三大技巧，就能讓你做個時刻都充滿魅力的女性，而且對於處理人際關係，更能手到擒來，做一個新時代的「交際花」。

六、影響女人人際關係的九種行為

有很多女人在處理生活和工作中的交際時，常常頭痛不已。可能自己還沒弄清楚怎麼回事，指不定就因為一個動作或者一句話語把對方得罪了，使得彼此之間的氣氛變得僵硬無比。

那麼，女人在處理人際關係時應該注意避免哪些錯誤的行為方式呢？

(1)有好東西卻不注意分享。

(2)「知道」卻當不知道，喜歡裝假騙人。

(3)喜歡裝神秘，做牆頭草。

(4)老愛聊八卦的私事。

(5)有難處卻不肯向對方求助。

(6)在別人熱情高漲的時候潑冷水。
(7)不合群，堅守只有一個人的陣營。
(8)愛抓別人的小辮子。

七、打造絕佳人脈的交際網

有職業規劃專家曾說過：「百分之十的成績、百分之三十的自我定位以及百分之六十的關係網絡才是成就理想的標準因素。」所以，女人要想取得工作中的順利和事業上的成功，就必須學會交際，這樣才能幫你打造絕佳的關係網絡。

第一，積極應對你的交際網，態度是關鍵。

可能有很多女孩子，由於自己本身羞澀、自卑和矜持的心理原因，在公眾場合不敢說話。即使心裏願意與他人交朋友，但是總是採取很保守被動的態度。這種扭捏的姿態可能會讓對方誤認為你其實本意上是不大願意的。不積極主動，只會讓別人認為你冷若冰霜，這樣你也不會交到很好的朋友。如果是在工作中，則更會妨礙到你的工作，即便你再有能力，可是你還是會輸給那些有「關係」的人。所以，女性應該自信熱情一點，這樣你才能成功擁有更多的支持者，如此對你的事業發展也非常有益。

第二，記住那些重要的日子和時間。

人人都喜歡那些給自己驚喜的人，因此，準確地記住那些對自己很重要的人的特別日子，在那一天給對方一個驚喜，一定會讓對方感動欣喜萬分。俗話說得好「千里送鵝毛，禮輕情意重」，也許你只是給對方生日的時候一個電話或者寄給他們一張自己滿懷心意的卡片，都會讓對方覺得自己在你心中存在的重要地位。因此，一定要學會適時地關心對方。

第三，人際「圍牆」很重要。

打造自己的人脈，首先就要給自己選幾個能靠得住的人組成良好、穩固、有力的人際關係的核心。因為從她們身上，我們能夠學到很多的東西，她們還能為你帶來更豐富的人脈。她們不會與你存在任何勾心鬥角的威脅，她們不會在背後說你的壞話，可能她們會拼勁全力地去幫助你，全心全意為你著想，你跟她們的相處是真切、愉快的，而且她們帶給你的「財富」也會源源不斷。

第四，學會刪減更新你的人脈圈。

看到這個，也許很多女孩都會想，這樣做會不會不厚道啊。畢竟別人也曾經是自己最好的朋友啊，雖然現在不常聯繫了。其實，我們不必要花過多的時間來維持對自己已經無益處的陳舊關係。因為隨著朋友數量的增多，有的是可有可無的。所以，刪減掉過多的繁重，也就為自己爭取到更多的時間，女人不要太過於戀「舊情」，要不然就意味著你將浪費掉你寶貴的時間和精力。

第五，圈子也分前後順序，別人永遠在第一位。

要記得時刻提醒自己遵守交際規則，不是「別人可以為我做些什麼？」而是「我可以為別人做些什麼？」在回答別人的問題時，不妨主動再接著問一句：「我可以為你做些什麼？」要不然，你的人生道路上將會出現較多「堵塞」或「事故」。

第六，學會蒲公英「廣而散之」的精神。

如果有機會可以參加一些重要的活動，就不要推辭掉。重要的場合可能會有不少自

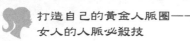

己的老朋友，而且都是人才濟濟。這些「優質股」對你以後的幫助將是非常重要的。我們知道蒲公英被風一吹，就會四處飄散，哪裡都是它們棲息之處，因此更多的人會認識它們。所以我們一定要學學蒲公英的精神，有了這種給自己擴展人際的機會就一定要抓牢，並讓彼此留下深刻的好印象。另外，你還可能會結識許多的新朋友，對自己的關係活動網非常的重要。

第七，「第一時間」永遠都能博得對方的關注。

每逢朋友升遷或有喜事，一定要要記得趕在第一時間內去祝賀。這不僅僅是處於自己的一種禮貌，還是博得對方關注的好方法。同時，也讓對方知道你個人的情況。如果此時你忙著走不開，確實無法親自前往祝賀，也一定要通過電話來表達一下自己的友好情誼。因為第一時間去祝賀，給人的印象也將是第一的。

人脈的煉成是需要一個過程的，而女人，在處理自己的人際交往中，就應該學會熱情大方一點。不妨照著上面的技巧修煉一下自己，相信用不了多久，你就能有一個更大的提升。

Chapter 16

不做女強人 但一定要做強女人

女人的成功必殺技

* 夢想讓女人光彩照人
* 女人也要有一點小小的野心
* 弄清楚什麼是自己內心真正想要的
* 女人的命運掌握在自己手心
* 忠於內心的感覺，去做自己喜歡的事
* 養成積極樂觀思考的習慣
* 可以不做女強人，但一定要做強女人
* 別讓任何人偷走你的夢想

一、夢想讓女人光彩照人

有一位哲人曾經說過：「一個女人可以沒有美好的生活，但萬萬不能沒有美好的夢想。」可見，一個女人想要活得瀟灑，擁有幸福的生活，就不能終日漫無目的地過日子，因為那樣只會讓自己人生的路道迷失方向。只有一個擁有「夢想」的女人，才能找到人生成功的燈塔，讓自己變得光彩照人。

當然，女人的青春有限，尤其是那些年輕的女孩子，如果不想大好的青春時光就這樣浪費掉，就趕緊整裝待發，追逐你的夢想吧！只有「夢想」才會指引你走出平庸和黯然，讓你變得更加富有魅力、神采奕奕！

也許少女時代的女孩們有過很多的夢想，而且崇高、遠大。但是一旦結婚後，很多的女性就開始了「三轉」的生活——圍著鍋鏟轉，圍著老公轉，圍著孩子轉。而曾經那些自己期望中的美麗夢想，卻因為生活的重擔和忙碌的生活，早已被自己拋在身後。

其實，在人生的旅途中，我們需要攜帶的東西很多，但有一樣千萬不能遺忘，那就是夢想。只有擁有夢想的女人才能走得更遠。或許我們的人生還會有很多的轉捩點，但是不管你是一個終日為家庭忙碌奔波的女人，還是一個在職場奮戰的女性，都應該懂得擴展自己生命的寬度，只有擁有屬於自己的希望和目標，你才能看到更長遠的路途。

有夢想的女人是美麗的。這種「美麗」也許並不代表著青春，更不代表著沒有皺紋。這種美麗首先是怡然自得的心情、善解人意的寬容和充滿希望的自信，然後才是文雅有禮的舉止、美觀可體的衣著和宜人心神的化妝。

其實，當一名女性有了夢想，就標誌著她有了自己人生的規劃。她會很清楚明白自己要的是什麼，追求的是什麼，不會再盲目地去做一些事，不會因為到年老色衰的時候因為碌碌無為而遺憾。一個有知識、有涵養的女人明白，擁有了夢想就等於握住了希望，一個充滿希望的女人，肯定會有一個豐富多彩的人生。

女孩們，趕緊收拾好自己的容貌，帶著美麗的心情、美妙的夢想飛翔吧！讓漫長而又短暫的歲月從此變得更加美麗起來。

二、女人也要有一點小小的野心

也許你現在已經有了一份不錯的工作，並且習慣了每月定期的薪水和每天固定的生活流程。這一切對你來說，儼然已經成為了一種自己的生活方式。可是，往後的歲月，難道你就真的安心如此度過嗎？這樣的生活和工作看起來是不是過於按部就班，而表現得僵硬機械化呢？

聰明的女孩，都應該有一點自己的小小野心。當然，並不是就要你做出一番驚心動地、一鳴驚人的事。而是讓你做一個有目標，並且有夢想的女性。這樣，你的人生才能充滿激情。所以，偶爾學做個有「野心」的小女人，讓自己的人生變得精彩起來吧！

安於現狀的平凡女子，對自己的生活和事業肯定也不會有過多的想法，她們或許每天都是在循規蹈矩地做著自己分內的事情。如此下去，只會有讓自己厭煩的一天。即便她熬到了自己白髮蒼蒼的那一刻，等回憶起來，也不會有什麼使自己激動的事情，如此平淡的一個自己，就彷彿從來沒有來過這個世上一樣。

如果不想擁有一個平淡無味的人生，就多給自己增添一點「野心」吧！女孩子只有擁有了野心，才能夠更好地規劃自己的生活，才能多出一個平臺展示自我魅力，才會有一個源源不斷的生活動力，未來的路才會掌握在自己的手裏。

一個女人想要全靠自己自食其力而獲得掌聲鮮花真的很難，但女人若有一點小小的野心加上執著的精神，成功一定離之不遠。有野心的女人通常都是成功的女人，因為她們擁有一個智慧人生。

中國古代第一位霸權女皇武則天，她的名字歷來是與野心、手腕、權威、強勢放在一起的。當她還是一個秀女的時候，就一步步規劃自己的路程，直到走上了女皇的這一刻。讓她統治下的皇朝，變成了中國歷史上最具威懾力的女性掌權的王朝。她的野心成就了中國歷史上獨一無二的女皇，粉碎了封建社會中男性獨霸帝位的政壇神話，更對後世中國另外幾名女權統治者造成了一定的影響。

當然，有勃勃野心的女人是容易成功。膽識，僅僅只有一顆「野心」還遠遠不行，重要的是必須還要有傲人的資本，這樣的女人才懂得拿捏「野心」的尺寸，適度張揚自己的野心，不會使自己的心被欲望全部佔據。

野心並不是男人才可以擁有，傳統意義上，一些有抱負、有夢想的只是男人。其實，有野心的女人與那些家庭主婦比起來更加有自信，更加有魅力，更能博得成功的人生。

一個女人，只有不甘於平淡的生活，不滿現狀，勇於挑戰，才能最終採摘成功之花。這種野心無疑是閃亮的，猶如黑夜中的星辰，而且能讓女人變得更加超凡脫俗，魅力四射！

三、弄清楚什麼是自己內心真正想要的

「我奮鬥了這麼久，究竟真正想要的是什麼？」「為什麼我擁有了美麗的珠寶、

帥氣的老公之後，仍然會覺得空虛？」如今有很多的都市女性，每當站在人生的十字路口時，總會感到落寞和迷茫困頓，找不到來去的方向，不清楚自己究竟內心想要的是什麼。

英國曾流行過一句諺語：「人若沒有目標，很快會成為一無所有。有個低微的目標也勝似毫無目標。」所以，在除去一天城市的喧囂之後，夜深人靜之時，請你雙手放在心口，靜下心來，默默地詢問自己究竟想要什麼。

弄清自己內心中想要的是什麼：什麼樣的事業，什麼樣的愛人，什麼樣的家庭。聽清自己內心的聲音，才能有一個準確的目標，這樣離成功才會更進一步。

如果你的人生只是一個盲目的過程，那就會像是上了一輛不知道去哪裡的公車一樣。這樣的感覺是不是很可怕呢？一旦搭上這樣的車，就像駛入一條永無止境的循環之路。因為它根本就沒有方向，只會在路口不停地兜兜轉轉。在迷宮一般的空間中，你永遠也達不到目的地，就連最真實的自己也會漸漸地迷失掉。

為什麼不在一開始就明確地知道要去哪裡，然後手拿一張地圖，明確地知道能夠到達目的的幾條路？弄清楚自己心的方向，制定一張詳細的計畫與時間表，這樣才能真正走上正確的道路，過上充實而且有趣的每一天。

或許，很多的女人會說：「有啊！我有想要的啊！比如帶孩子、做飯、洗衣，然後每天按時的上下班，這樣不就是我的生活嗎？」可是，你捫心自問過沒，這些東西，難道就真的是自己想要的嗎？歲月不饒人，尤其是女性，如果每天你都是在這些繁雜或者檢索的生活中度過，難免會因此而厭煩，因為這些都不是內心真正渴望的吧？

其實，很多女性心中所想與所做的相比都有一定的偏差，有的人認為心中的美好希望總是會和生活的現實相悖而行。可是，你為了心中所想的目標又奮鬥過嗎？有的女性甚至還沒有弄清楚就放棄了吧！只有弄清楚自己的內心，才能擁有屬於自己的真正快樂，才能活出灑脫。這樣，你的人生才會千嬌百媚。

女孩子的感情也是如此。在對待突如其來的對方猛烈追求時，一定要清楚自己想要什麼，不要貪圖一時的甜蜜而委曲求全。若你不管不顧心中所想所要的，一概亂來，那麼到最後受到傷害的只有自己。因為你不僅輕視了自己內心真正想要的而且也使自己勞神費事，到最後依舊是沒有什麼好結果，反而回過頭為自己當初的盲目選擇而後悔。

要得到一個真正想要的人生，就要鎖定你心中所想的，然後奮起努力去完成它。

千萬不要把那些不切合實際又提不起幹勁的事情當成心中所想的，既浪費了你寶貴的時間，還會讓你終日在無趣的日子中碌碌度過。

當然，有了心中所想，還要付出行動才行。如果你只是按兵不動，或者一概的誇誇其談，自然也不會達到自己的目的。任何事情不是隨便浮誇幾句就能成功的，還得有自己的幹勁和堅持不懈的努力。

那麼從此時此刻起，請審視自己內心真正的所想所要吧。待到弄清楚之後，堅定自己的信念，勇往直前地向著目的地駛進吧！女孩子們，點亮心中的燈塔，看清心目中的那片花海，做一個最美麗的自己吧！

四、女人的命運掌握在自己手心

「找個好人就嫁了吧……」這句話看似是對女人的一種祝福，一種期盼，其實是在讓一個女人誤入歧途。聰明的女性明白，男人並不能標榜自己的一生，自己的命運也不由任何人做主。只有牢牢握住自己的命運，才能活出自信，才能活出屬於自己的風采。

美國總統林肯曾經在一次演講中說過：「在這個世界上，唯一能夠搭救你的人，就是你自己。」可見，在人生的旅途中，要想獲得成功，要想改變自己的命運，就得靠自己去努力，女人應該懂得用自己手心中的命運，去改造自己。

其實，每個女孩都會經歷人生中的風風雨雨，沒有一個女孩的腳下會是一條風平浪靜的道路。不要以為那些所謂的「命中註定」就是自己最終的結局。其實，當你握緊雙手，將心態放平，你就會發現，那些算命先生口中的命運之線，其實就握在自己的手心，你應該清楚地認識到，自己的命運終究只有自己才能改造。

一位偉人說過：「命運一半掌握在上帝手中，一半掌握在你的手中。」掌握在上帝手中的那半是指你的信念，有了實現美好願望的信念，你也就獲得了成功的一半。

女孩們千萬不要因為擔憂自己的命運注定會平庸、失敗，從而失去了奮鬥的動力，屈服於命運。要堅信，自己才是命運的主宰，命運掌握在自己手裏。即使命運多舛，也不要放棄，勇敢地向它發起挑戰。

學做一個主宰命運的女人吧！不要再膽小畏懼，學會緊緊地遏制住命運的喉結，走出一條屬於自己的璀璨星光大道！

五、忠於內心的感覺，去做自己喜歡的事

生活中，常聽見不少女性朋友常常哀聲嘆氣，連聲說自己生活得很累。想想現如今這個競爭激烈的社會，確實有不少人活的枯燥勞累不堪。其實，與其讓自己這樣持續地活在一個得不到快樂的高壓狀態下，為何不走出來，去做自己有能力而且又喜歡的事情呢？

女人應該明白，只有做自己喜歡和想做的事，才能找到生活中的樂趣，那樣你才會充滿精神與幹勁，才會開心；只有做自己喜歡和想做的事，你才可能全力以赴，才能取得最大的成功，得到和享受真正的幸福。

其實，在世間，最大的快樂不是金錢，不是享樂，而是能做自己想做的事情。如果我們總是為環境所囿，放棄自己想做的事，去做自己不喜歡的事情，那我們感到的不會是幸福，而是苦澀。

女孩子對待自己短暫的青春，一定要弄清楚自己想要得到的是什麼。千萬不要在那些一晃而過的歲月中讓自己的青春做了痛苦的祭奠品。可能有的女孩子喜歡旅遊，有的喜歡看書寫作……只要你愛好，總歸是能夠享受到其中快樂的。那麼，何不把這些愛好發揚光大，當做成功的激勵呢？

做自己喜歡的事，才能讓自己更加的有活力，而且能獲知得更深的成就感，同時還突出了我們生活的內涵。也許你並不專業，雖然你未必能夠成功，但是在人生的道路上，你畢竟為自己做過主，這是最值得自豪的。

所以，女孩子們，大膽去嘗試自己所喜歡的事情吧！找到自己的心靈之路，然後堅持不懈地走下去，總有一天，成功就在眼前。

六、養成積極樂觀思考的習慣

思想家馬可奧瑞利斯曾經說過：「人的一生是由他的想法所夠成的。」的確，一個多思多想的女性，無疑不是智慧的。因為思考會增加我們對事物的敏感度，讓我們更能有高瞻遠矚的先前智略，可以避免走很多彎路。

但是，在現實中，大多數女性都非常感性化，很多時候讓感性佔據了理智的上風。遇到什麼事情，頭腦一熱，不多想想後果，就卯著勁向前衝。事過之後，靜下心來仔細思考，才覺得自己過於衝動。

有句話叫「三思而後行」，女孩子在做事情之前，一定要養成積極思考的習慣。多思考不僅能讓你的自身修養和素質得到提高，還能鍛煉培養出你的獨立能力。女孩子有一個聰慧的頭腦，比任何事情都要來得划算。因為當你具備靈活的應變能力和幹練的氣質時，不管走到哪裡，你都能成為大家眼中最矚目的焦點。

有人說，大腦越用越聰明，但是要注意的是，僅僅選擇思考還遠遠不夠，你還需要為此塑造一個積極向上的、寶貴的心態。因為只有抱著積極的心態，你才會主動就面臨的問題去尋找解決的辦法。因此女孩們一定要養成樂觀思考的習慣。

那麼在生活中，該如何養成積極樂觀的思考習慣呢？

(1)遇到事情時，多往好處想想。

(2)幽默無疑是解決問題的最佳條件。

(3)好的書本永遠是思考的橋樑。

(4)樂觀思考，學會低頭也是一種認知。

(5)懂得「沉默是金」的隱藏道理。

學會養成勤於思考的習慣，才不會隨波逐流，才能平心靜氣，才能夠消除浮躁，保持清醒的頭腦。倘若你養成了積極思考的習慣，那麼你一定能夠生活得更加順利。

七、可以不做女強人，但一定要做強女人

許多女人在追求成功的道路上，總是患得患失。她們既擔心被別人視為弱者，又擔心「成功」後沒了女人味。其實，這種擔心是多餘的，身為女人，可以不做「強」人，但一定要做強者。

曾有人說過：「女人若想活得精彩，就一定要生活穩定而內心不穩定。」內心不穩定，意味著有目標和活力，而且還可以不斷地充實自己、完善自己，使自己的境界不斷提升。也許，女人不一定有顯赫的資產和豐功偉業；不一定是常進常出大小交際場合的人；但是她們依舊有屬於自己的本色。

當然，如果一個女人想要擁有自己的事業，不管這份事業是大是小，依舊是自己的生活保證。你所有的辛苦與汗水，都可以積累成為經驗與智慧，陪你終身。那麼，女性

朋友們如何能夠成為一個生活和事業上的強者呢？

(1)在做任何一件事之前，都要充滿信心，把口中的「能夠」替代成「不行」，這足以排解你遇見的百分之九十五的難題。

(2)樹立新的生活態度，增進成功的可能，用「決心」代替「試試」。

(3)別在人生中經常用到「失敗」這個字眼，相信成功總能降臨。

(4)每天多給自己一個充滿快樂的微笑，擬定一個目標進程，看自己是否能夠達到。

(5)多多求教，特別是那些成功人士，你可以從他們身上學到不少的東西。

(6)要不斷地給自己正面的暗示：「我想要——我能。」

(7)心態一定要端正，而且充滿希望。

(8)多與別人交流，幫助你克服畏懼心理。

(9)當別人和你談到他們的問題時，要給予積極的反應，對自己的問題要集中精力解決。

(10)做任何事情，都要全神貫注。集中你的全部能力，完成當前要完成的目標，並且做到有始有終。

其實，現實生活中的女人，不一定每個人都能成為「強人」，也許你事業成功，但是生活一團糟；也許你生活順暢，但是事業不濟。但是如果你有一顆不甘屈服的心，那麼每一個女人都能成為人生中的「強者」。

八、別讓任何人偷走你的夢想

有很多女性朋友肯定曾經都有過一些豪情壯志的夢想。但是如果自己說了出來，一旦遭遇眾人的「譏笑挖苦」，她們就會對好不容易鑄造的夢想進行動搖，從而讓它最終破滅在大家的言語中，於不經意間就失去了自己成功的階梯。

也許，有夢想，不容易；守住夢想，更是難上加難。但丁曾經說：「走自己的路，讓別人說去吧！」所以，女性朋友們應該明白，一旦有了夢想，就要堅守住自己的信念，千萬別讓自己的夢想在別人的嘲笑和質疑中悄悄溜走，走自己的路，才能最終走向勝利。

試問有哪個女孩沒有做過「公主、王子、南瓜車」的美夢？只是不知道在成長歲月中的何時何地，這些夢想就悄悄地被別人改掉偷走了吧！其實，很多時候，都是因為我們自己給予的「滋養」不足，夢想才會被人「有機可乘」。

在我們成就夢想的過程中，可能會遇到很多的波折，如果自己的意志力不夠，瞬間就會破滅。而那些專業的「偷夢人」，可能是你的父母或配偶、朋友或同事。他們會在你興致勃勃述說你的夢想時，滿臉不屑、鄭重其事地告訴你，「那是不可能的」，要你腳踏實地好好做事，不要說的比做的多，先做到再來說也不遲。

女孩子們天生就有一種喜歡攀比的心理，而且每個人的潛意識裏或多或少會有一種妒忌心的存在。有些事情，原本她自己想做，卻沒有能力，所以她巴不得別人也不要去做。所以當你滿懷信心地說出那個也是她曾經的幻想時，她肯定會列出種種不利因素和不成文的理由來達到阻礙你行動的目的。

很多時候，女人要想獲得自己的成功，做得第一步並不是超越自己，而是超越外界堅決捍衛自己的決心，守住自己最初的夢想！所以，如果你自己已經決定去實踐，就最好不要詢問任何人，免得打擊越多越讓你失望，從而越阻礙你前進的步伐。如果你已經告訴了身邊的人，也千萬不要怕這些人的冷嘲熱諷，只要你信心滿懷、信念堅定地為之拼搏努力，任何人都動搖不了你的觀念。

每個女孩在成長的道路上，都會有許許多多絢麗多彩的夢，它們極有可能是我們明天成功事業的雛形。所以，守護好自己的夢吧，憑著自己堅持不懈的耐力，勇敢地站出來，打造一個美好的明天。

女人香

作者：吳靜雅
出版者：風雲時代出版股份有限公司
出版所：風雲時代出版股份有限公司
地址：105台北市民生東路五段178號7樓之3
風雲書網：http://www.eastbooks.com.tw
官方部落格：http://eastbooks.pixnet.net/blog
Facebook：http://www.facebook.com/h7560949
信箱：h7560949@ms15.hinet.net
郵撥帳號：12043291
服務專線：(02)27560949
傳真專線：(02)27653799
執行主編：朱墨菲
美術編輯：吳宗潔
法律顧問：永然法律事務所 李永然律師
　　　　　北辰著作權事務所 蕭雄淋律師
版權授權：蔡雷平

初版換封：2016年12月
ISBN：978-986-352-404-5

總 經 銷：成信文化事業股份有限公司
地　　址：新北市新店區中正路四維巷二弄2號4樓
電　　話：(02)2219-2080

行政院新聞局局版台業字第3595號 營利事業統一編號22759935

國 家 圖 書 館 出 版 品 預 行 編 目 資 料

女人香 / 吳靜雅著. -- 臺北市：風雲時代,2016.11
-- 面； 公分

ISBN 978-986-352-404-5（平裝）

1. 成功法 2. 生活指導 3. 女性

177.2　　105019085

原價：280元
限量特惠價：199元